JAVIER SÁDABA

Al final del viaje

Mi vida, mi mundo

ALMUZARA

Primera edición: octubre de 2024

Editorial Almuzara • Filosofía, cultura y sociedad
Editora: Ángeles López
Corrección: Nemo Edición y Comunicación S.L.
Corrección técnica: Enrique González Morales
Maquetación: Joaquín Treviño

www.editorialalmuzara.com
pedidos@almuzaralibros.com - info@almuzaralibros.com

Editorial Almuzara
Parque Logístico de Córdoba. Ctra. Palma del Río, km 4
C/8, Nave L2, nº 3. 14005 - Córdoba

Imprime: Gráficas La Paz
ISBN: 978-84-10523-75-3
Depósito legal: CO-1548-2024
Hecho e impreso en España - *Made and printed in Spain*

Es este un libro de recuerdo y de futuro.

Recuerdo mi vida y su reflejo en la sociedad que me tocó vivir.

Y futuro, porque deseo que lo que escribo pueda ser útil a aquellos que van desde el que se despide de la vida hasta mi nieto.

Para Ana.

Introducción

Este libro no es una confesión, ni tampoco una autobiografía. Puede parecer un diario, pero tampoco entra en la esfera de lo íntimo. Lo escribo desde mí mismo, aunque trato de traspasar mi lado subjetivo para llegar a la más descarnada realidad. Hablo de mí, sin duda, pero mi intención es ser un trampolín o una pista para retratar una época; o, para ser más exacto, varias épocas y, de modo especial, las que van desde la Transición hasta nuestros días y que encadenan décadas, cambio de siglo y de milenio. Épocas que son mediadas por todos los tumultuosos acontecimientos de guerras, vuelcos políticos, ilusiones perdidas y un verdadero concurso de mentiras. Aparecerán los rudos y tambaleantes momentos de la citada Transición, la rápida e interesada acomodación de la izquierda, la siempre agazapada derecha, el paso de inventados partidos a tribus políticas, del improvisado europeísmo al rancio nacionalismo, de la vieja religión a una acelerada secularización, del joven al albur de los insulsos planes de estudio al *pijoprogre*, de la máquina de escribir a Internet, de la menguante inteligencia natural a la imponente, peligrosa y apasionante inteligencia artificial, de una monogamia de corsé al inconsistente poliamor...

Un tratamiento especial lo dedicaré a una burguesía creída e ignorante. Este país nunca ha tenido una burguesía que vertebre la sociedad, siendo la actual una mezcla de aprovechado derechismo y conducta falsa y falazmente llamada «progresista». Se me preguntará cuál es mi autoridad para hablar de tales cosas. A buen seguro que no tengo la pluma de Stefan Zweig, ni los conocimientos necesarios de, por ejemplo, geoestrategia o economía. Eso es verdad. Pero tal vez pueda presentar algunas credenciales. Una es la edad, pues he vivido mucho, he entrado ya en esa interfaz entre la vida y la muerte y, por tanto, mi perspectiva es larga, por no decir larguísima. Otra ventaja es el hecho de que, dicho castizamente, he estado en todas las salsas. Por suerte, o porque he querido, he conocido a las personas más diversas, he estado metido en todos los líos, algunos realmente peligrosos. He tenido grandes amigos y no pocos detractores. Y estos envidiosos pobres enemigos no podían resistir, por ejemplo, que acudiera a una presentación de Loewe y defendiera firmemente la autodeterminación de Euskadi; o que escribiera al mismo tiempo en *La Razón* de Luis María Anson y en el diario aberzale *Egin*. Me he comprometido políticamente aunque, en principio, no he votado nunca, puesto que he creído, y creo, que nada se transforma desde dentro en una democracia manipulada a partir de un poderoso dinero. Mi opción ha sido la de hablar y actuar libremente desde la sociedad en una actitud tantas veces solitaria y utópica. Esta es mi atalaya, y desde ahí escribo; pero no para hablar de mí, sino a través de mí.

Mi hilo conductor, por tanto, busca y bucea como si de un caleidoscopio se tratara, como un conjunto de estampas que se empeñan en convertirse en una película, con la intención de ayudar a entender lo que nos pasó y lo que nos está pasando. Mi objetivo es dejar un legado, unas reflexiones que sean útiles; y, en este sentido, además del gozo de los recuerdos, deseo que estos conviertan la anécdota en categoría. Y albergo, así mismo, un deseo especial de llegar a los más jóvenes, pues pienso que, sometidos al vaivén de las emociones y a la anestesia ambiental, se enteran muy poco o nada de lo que los envuelve. Ojalá les ayude a despertar.

Volviendo al narrador, que trata de esconderse y difícilmente lo consigue, mi propósito es ser lo más objetivo posible. Escribió José Bergamín que no podía ser objetivo porque era sujeto, una licencia política que apunta a un hecho innegable, y es que mantener el equilibrio entre el yo y el mundo es todo un arte. Por intentarlo que no quede. Y si el lector pensara que lo escrito rezuma escepticismo y se aproxima al nihilismo, le pediría paciencia y que espere al final del cuadro. Cierto es que soy agnóstico político. Quiere esto decir que no participo ni de unos ni de otros cuando ambos son igualmente dogmáticos, sectarios, obedientes a sus jefes e incapaces de decir en público lo que piensan; pero mi compromiso es conmigo mismo y con la gente a la que quiero. Ahí me he mantenido durante toda mi vida. Mis crisis y desilusiones me han hecho dar giros en función de lo que sucede, pero siempre he mantenido y mantendré mi brújula libertaria, que no es otra que la que orienta a hacer lo que uno quiere y querer lo que uno hace.

Una línea breve aquí dedicada a Quique González Morales, médico y editor, y amigo, que me ayudó a organizar estos papeles dispersos. Como él mismo dice, ejerce de fiel escudero y eterno discípulo lo que, a cierta edad, no deja de ser un motivo de satisfacción para mí. Y no quisiera acabar esta introducción sin mencionar a Ana. Ella ha compartido todo lo que digo en medio de charlas, discusiones y proyectos, siempre con inteligencia y animándome a superar mis desmayos. Pero lo que me ha entregado Ana es mucho más: me ha enseñado a compartir amor y trabajo, a unir ciencias y letras, a alcanzar a comprender la conjunción de lo masculino y lo femenino. Le estaré eternamente agradecido.

1

La Transición consistió en pasar, teóricamente, de una dictadura a una democracia formal y, en la práctica, a un engrudo de franquistas y advenedizos demócratas. De ese engrudo engrasan todavía su maquinaria los partidos políticos actuales. Pero antes de la Transición se sitúan los estertores de la dictadura franquista, y Franco murió en la cama no sin dejar antes un largo reguero de sangre con el fusilamiento de cinco personas.

En los comienzos de los setenta fui expulsado de la universidad junto con otros compañeros, todos de Filosofía. Nunca supimos oficialmente el porqué, pero la razón obvia era que no agachamos la cabeza ante el moribundo franquismo. Alguna otra expulsión tuvo lugar en Físicas, como le ocurrió a Javier Solana, más tarde secretario general de la OTAN. A este lo readmitieron inmediatamente (algo lógico, pues era socialista; y los socialistas, guiados por el Pentágono, estaban amañando con los convertidos demócratas el paso de aquella dictadura a una más que endeble y oportunista democracia). En la universidad, y salvo el caso de Carlos París, un señor, un distinguido filósofo y un amigo, nadie movió un dedo; casi todos se encerraron en sus despachos, con el *dodotis* puesto, para seguir chismorreando como porteras y suspirando para subir algún escalafón en una especie de oficina siniestra. Aquí habría que recordar que Miguel Dols, catedrático de Latín, ejerció como verdugo desde su puesto de decano.

Fuera de la universidad las cosas no fueron muy distintas. Del razonable temor a los militares se pasó a un mantra, un eslogan y una consigna según los cuales todo valía. Si alzabas la voz, no eras realista; y si proponías algo acorde con unos ideales ya de mayor decencia democrática, eras un iluso que desconocía que la conducta ha de guiarse por el mal menor. Aquellos que se decían de una izquierda no reformista pronto pasarían a ocupar cargos en el Partido Socialista, y un manto de socialdemocracia paniaguada se extendió por todo el país.

Los puntos en los que más se luchó para acabar con el régimen de Franco fueron Euskadi y el Partido Comunista, con su correlato de Comisiones Obreras. De Euskadi me ocuparé con detalle más tarde porque es un buen termómetro para saber lo que ocurrió en ese Estado siempre dando bandazos que llamamos España. El Partido Comunista, prohibido y perseguido, entró pronto en la senda de un vaporoso movimiento con el nombre de «eurocomunismo». Dicho movimiento, en el que militaban curas y viejos guerreros, tenía al frente a Santiago Carrillo, que publicó un panfleto titulado *Eurocomunismo*. Esta forma de hacer política, entre ingenua e interesada, nos causa risa a los que nos toman por *tontiutópicos*. Sí: el *tontiutopismo*, creer que desde las entrañas de un blindado sistema capitalista se aterrizará en un depurado y feliz comunismo.

Carrillo era el gran jefe y sus seguidores lo adoraban con arrobo. Yo lo conocí en varias tertulias radiofónicas en las que participamos. Era afable y astuto; y, aunque de mí decía que cantaba bien, cosa que no es falsa, me impresionaron sus ojos fríos y lejanos. Dudo que su obra haya sido para bien. Carrillo, más allá de los fieles, tenía dos escuderos: uno, Nicolás Sartorius, y el otro, Ramón Tamames. Sartorius ha acabado haciendo periodismo para este socialismo actual que de izquierda no tiene más que el nombre. Recuerdo que, compartiendo con él una mesa redonda sobre la OTAN, juró y perjuró que los comunistas no entrarían nunca en esa beligerante organización que defiende a los poderosos de Occidente. ¡Vivir para ver! Y bendita capacidad para estar bien hoy con unos y mañana con los contrarios... Respecto a Tamames, se ha hecho mayor apoyando a una derecha cerril. Aunque está en una orilla ideológica lejana a la mía, he de decir que lo considero una persona inteligente y libre.

En medio de una ola de aceptación o resignación de monarquía, bandera y, al final, una Constitución a medida de una democracia de nombre, y un régimen atado y bien atado, no habría que olvidar que, a contracorriente, sacó la cabeza aquel viejo espíritu anarquista, tantas veces derrotado. El mitin que dio la CNT en San Sebastián de los Reyes fue multitudinario y esperanzador. Allí alzó la voz, con fuerza, José Luis Rúa, pronto segregado de cualquier rincón que no fuera obediente al controlado juego de partidos. Rúa fue catedrático en Granada y experto en el injustamente minimizado filósofo Ludwig Feuerbach. Lo traté en varias ocasiones, ya que me invitaba a sus congresos o conferencias, pero ese espíritu anarquista fue languideciendo hasta quedar reducido a algo testimonial. Sin embargo, existió otro anarquismo más diseminado y que entronca con los pocos que se pusieron en marcha contra la imposición de la obediencia debida. La COPEL (Coordinadora de Presos en Lucha) fue uno de esos grupos.

La COPEL fue un efímero grupo social que duró solo un par de años largos, pero es injusto que no se registre su breve historia, puesto que, aunque sea una fugaz señal, se inscribe en una legendaria tradición española. Estuvo formada por expresos y sus reivindicaciones se centraron en las cárceles. Se pronunciaron a favor de la amnistía y en contra del maltrato y de la idea carcelaria. Su ideología, vagamente anarquista, tenía una cierta influencia de Michel Foucault. Para este sociofilósofo la prisión es una especie de sumidero en donde el poder, cínicamente, deposita sus excesos. Yo fui amigo de uno de los militantes del movimiento en cuestión, que llevaba habitualmente en su mano el libro de Max Stirner *El único y su propiedad.* El libro, muy confuso, es una especie de borrachera del yo. Lo que importa para Stirner es mi absoluta libertad. Algunos lo califican de egoísmo anarquista y, en conjunto, se lo puede catalogar como lucha total contra todo poder. La COPEL fue apoyada por personas tan relevantes como José Luis Aranguren y Agustín García Calvo; y también estuvimos cerca de ellos Fernando Savater y yo.

No diré que Fernando Savater y yo formamos un tándem que invita a entender mejor los inicios formalmente democráticos de este país, pero creo que constituye un episodio de cierto valor y merece la pena anotarlo. Vaya por delante que considero a Savater una persona inteligente, buen escritor y valiente, que ha sido para muchos un claro referente de la vida cultural. Añado que, si no fuimos grandes amigos, sí empatizamos y participamos juntos en los acontecimientos libertarios del momento. Pronto comenzó una ruptura entre ambos que también vale para escenificar las opciones que los ciudadanos fueron adoptando.

Se produjo una primera ruptura. Yo escribí en *El País* una tribuna pidiendo la abstención en las elecciones de 1982, en las que arrasó el PSOE. Savater ridiculizó mi postura, como tantos otros que habían entrado de hoz y coz en el sistema. Después sucedió algo más duro en aquella ya rota relación: nos enfrentamos a cara de perro a propósito de Euskadi. Él, con una visión en la que lo que primaba era la unidad de España; y yo defendiendo contra viento y marea la autodeterminación de los vascos. La prensa y la televisión pudieron comprobar esa furibunda oposición. Supongo que la mayor parte estaban con él. Y pienso que el sistema se ha apoderado de todo y que solo se deshilacha por sus lodos de ayer convertidos en los polvos de hoy. A Savater lo han despedido de *El País* después de haber sido una de sus figuras más relevantes desde hace casi cincuenta años. Recuerdo que en uno de los primeros números de dicho diario escribimos los dos. Y también recuerdo que, en una cena que compartimos a solas, yo dije que *El País* iba a imponer las reglas de juego dentro de las que todos, sin remisión, tendríamos que jugar. Asintió convencido. *El País* es, ya desde hace tiempo, una hoja parroquial. A buen seguro que Savater seguirá dando guerra desde una postura beligerantemente conservadora. Sabe hacerlo.

La Transición estuvo precedida por un atentado que costó la vida al presidente del Gobierno y mano derecha de Franco, Luis Carrero Blanco. Parece que no hay duda de que lo mató ETA, pero permanecen muchas sospechas sobre quién pudo ayudar o estar detrás del atentado. No es fácil saber en qué medida esta acción armada precipitó la agonía del franquismo. ETA se creció y pronto puso en marcha su máquina de matar. Nacida de una escisión del PNV por parte de unos jóvenes desencantados ante la pasividad de sus líderes, su aparición se entiende mejor desde una ola de rebelión mundial bajo la desilusión de la política clásica y el utópico deseo de cambiar el mundo de abajo arriba. En ese mismo contexto se sitúan Mayo del 68, la Revolución cubana, las Brigadas Rojas o la Baader-Meinhof. La rebelión guerrillera vasca tenía como base ideológica la independencia de Euskadi y un poco perfilado socialismo; y se alimentó tanto del apoyo inicial de muchos vascos como de la represión y tortura de cuño franquista. Detengámonos en la violencia y lo que deberíamos aprender hoy.

La violencia es la vergüenza de la humanidad. Es su condena, su rostro más abyecto, su falta de corazón. Aunque se puede hablar de agresividad en los animales o del mal de la pena en la naturaleza, la violencia en sentido estricto es propia de un ser humano que con su inteligencia genera y expande el sufrimiento. Si un hipotético marciano contemplara la Tierra, se horrorizaría al comprobar cómo en un pequeño planeta (una gota en el inmenso mar del universo) sus habitantes se dedican al macabro juego de matarse entre ellos. Por todas partes vería guerras y torturas, todo ello acompañado de sofisticado armamento, tácticas con las que destruir al enemigo y una palabrería sin fin que intenta justificar ese ridículo comportamiento, tan ridículo que solo es posible achacarlo a la estupidez humana. En la estupidez de dar un valor positivo al carácter guerrero han caído filósofos como Nietzsche, Hegel o Kant, ejemplos de lo perversa que puede ser la inteligencia humana. O, aportando otro ejemplo, citar a Heráclito para sostener que la violencia es la partera de la historia resulta tan necio como decir que el sexo da a luz a la violación. En vez de reorientar la ceguera de la parte depredadora de la naturaleza, se desoye a la voluntad hacia el bien y se regodea en el pozo del mal. La violencia (que, como su nombre indica, es fuerza que arrasa) hay que mirarla cara a cara en todos los desmanes del pasado y, sin darnos por vencidos, caminar por la senda de la paz.

La paz es una actitud firme que se opone frontalmente a la violencia. No es solo su otra cara lógica, sino una decidida voluntad para evitar el dolor y materializar un estado de cosas en donde pueda desarrollarse, todo lo posible, nuestro bienestar. La paz no se predica, sino que se construye; y abomina sentencias como la atribuida a Clausewitz, según la cual la política es la continuación de la guerra por otros medios. La paz no es debilidad, mientras que la violencia es el fantasma de un humano alienado. Kant escribió, lejos de los elogios a la guerra que aparecen en otras de sus obras, un celebrado libro en donde, a modo de articulada propuesta, ofrece una estructura en la que se organicen los Estados para llegar a acuerdos que eviten las guerras. Se trata de un breve escrito político que, en parte, ha servido como modelo para la creación de las Naciones Unidas que hoy, bajo una retórica pacifista, exhiben una lamentable inutilidad. Pero el pacifismo mira a la estructura antiviolencia de los individuos y de las colectividades.

Entre finales de los años setenta y comienzos de los ochenta, el movimiento pacifista español tuvo un cierto esplendor que pronto fue perdiendo, pues comenzó a instalarse un pensamiento oficialista que arrinconó todo lo que no se sometía a las rígidas reglas del sistema. Había que homologarse con Europa y, como se decía entonces, había que *ir cogiendo agua del Atlántico.* Lo demás se rechazaba como falta de realismo, como infantil utopía, por no ser apto para valorar la importancia de la lógica del mal menor. El individuo debía bajar la cabeza ante los sabios mandatos de los que capitaneaban los partidos. Las promesas de tiempo atrás quedaban en el baúl de los recuerdos, y había que olvidar la rebelión y la revolución a favor de la reforma y el posibilismo; o, lo que es lo mismo, nada de ideales y actitudes sinceramente democráticas, sino el paso a una pálida socialdemocracia seudodemocrática. Nos habríamos hecho mayores.

En este ambiente floreció, durante poco tiempo, el movimiento pacifista, una corriente que iba desde el Partido Comunista hasta los anarquistas, pasando por independientes de izquierda entre los cuales me encontraba yo. El movimiento, compuesto por personas extraparlamentarias y con ciertos vínculos con otros movimientos europeos semejantes, fue languideciendo ante el poder creciente del sistema. Junto con esta opción, que funcionaba como revulsivo, el PSOE creó rápidamente su versión moderada y fiel a la política en curso. Casi todo estaba perdido. Y en medio se dieron dos acontecimientos que iban a marcar la época: uno fue el golpe del 23F de Tejero; y el otro, el referéndum sobre la entrada de España en la OTAN.

El 23 de febrero de 1981 el teniente coronel de la Guardia Civil, Antonio Tejero, intentó dar un anacrónico, sainetero y ridículo golpe de Estado. Es verdad que el ambiente estaba caldeado y por todas partes se hablaba de ruido de sables, los inicios democráticos se tambaleaban y ETA se encargaba de que se vivieran años de plomo. El golpe, escenificado en la toma del Congreso por un grupo de guardias civiles, nos hizo vivir una noche de innegable temor. Nadie se movió de su casa y, por miedo o por prudencia, todos seguimos los acontecimientos pegados al transistor y con la mirada en lo sucedido en Chile, cuando Pinochet destruyó a Allende y su pacífico estreno de una digna democracia. Y nos preguntábamos, por ejemplo, cuántos seríamos encerrados en el Bernabéu...

Se sigue especulando sobre quién estuvo detrás de la asonada, y hoy ya parece claro que en ello estaban desde el rey hasta, incluso, algunos socialistas. Varios testimonios y un libro como el de Pilar Urbano lo ponen de manifiesto. A lo que parece, querían enmendar España a su manera. El golpe fracasó; pero, si el objetivo era dar un aviso y que nadie sacara los pies del tiesto, sus promotores lo consiguieron.

El rey recibió a los dirigentes de los partidos políticos y se los aleccionó como a niños. Había que ser buenos. Un año más tarde, un obediente PSOE ganó las elecciones por goleada.

Un par de detalles acerca de las reacciones que tuvieron lugar alrededor de un golpe que recuerda a los de la España cañí y atrasada del siglo anterior. Pocos días antes me llamó Juan Mari Bandrés para advertirme de que la cosa estaba mal. Aunque solo lo conocí brevemente, fue un gesto de amigo. Bandrés pasó de defender a los presos de ETA a ser amenazado por ETA. Se trataba de un recorrido que hicieron no pocos, que pasaron de alzarse en armas a acabar en las instituciones españolas.

Por otro lado, no querría olvidar a mi madre. Fue ella la primera que me comunicó, a las seis y veinticinco de la tarde, que había comenzado el fallido golpe. No se amilanó: mi madre, amorosa y valiente, nunca cayó en aquello de que por precaución no había que meterse en política, como decían tantos acobardados padres. Un lujo de madre. A los dos días del *tejerazo*, una multitud recorrió Madrid en una unitaria manifestación a favor de la democracia. Algunos pensamos que era la resignación ante el poder reinante.

En el año 1986 tuvo lugar el referéndum sobre la entrada de España en la OTAN. Lo ganó Felipe González, que obtuvo su deseado y disimulado sí cuando, hasta poco tiempo antes, se había opuesto a la entrada. En cualquier caso, se había guardado las espaldas diciendo que, en principio, de entrada, no. El cambio rápido de los socialistas del no al sí es típico de los políticos; no de la política, que es cuestión mucho más seria. Los políticos dicen representar al pueblo, pero se representan a sí mismos. El oportunismo es su guía y ganar las elecciones su objetivo para, así, mantener el poder. La esencia de su política es radicalmente conservadora. En este contexto recuerdo claramente a Txiki Benegas con una pancarta defendiendo la autodeterminación de Euskadi y después, en un abrir y cerrar de ojos, él y su partido pasaron a estar en contra. Suelen argumentar el cambio con justificaciones que a algunos nos producen risa y sonrojo.

La entrada en la OTAN se vendía como un paso decisivo en la incorporación de España a Europa. El fantasma de una involución antidemocrática se disiparía protegidos por el paraguas del Pentágono. Willy Brandt y los americanos venían presionando desde hacía tiempo para que unos jóvenes enterraran definitivamente al viejo líder Rodolfo Llopis, se acogieran al entierro del marxismo que se consumó en Bad Godesberg y, definitivamente, nos colocáramos en el bloque occidental anticomunista. Muchos nos rebelamos ante esta maniobra.

Así comenzó el movimiento pacifista anti-OTAN. La izquierda más real se empleó a fondo para pedir el no al referéndum que decidiría la no entrada en esa organización armada y brazo del capitalismo occidental. Los comunistas y otras plataformas antimilitaristas recorrimos España con coloquios, mítines, manifestaciones, publicaciones y todo lo que estuviera a mano. De entre este amplio grupo partidario del no, me gustaría señalar, por su valentía y coherencia, a los llamados, por sus siglas, *umedos* (pertenecientes a la Unión Militar Democrática, UMD). Se trataba de un puñado de militares que en los estertores del franquismo se organizaron, un tanto al modo de la Revolución de los Claveles portuguesa, para democratizar el Ejército. Lógicamente, fueron castigados.

La movilización fue masiva. El pacifismo se reafirmó, pero el oficialismo no bajó la guardia y, agitando sutilmente el miedo o recurriendo a todos sus canales mediáticos, se encargó de mover la balanza a su favor. Como dato personal, pero que trasciende mi ego, quiero recordar el mitin anti-OTAN que di junto a Ramón Tamames en una explanada abarrotada de gente. Nos desgañitamos gritando contra el engaño y la militarización, además de que se fuera haciendo cada vez más difícil el camino hacia una democracia decente. Todo un signo de los tiempos.

Al final ganó el amado sí del Gobierno socialista. Algunos quedamos profundamente decepcionados. Yo me empeñé tanto en la defensa del no que tuve que ser atendido en casa de un doloroso cansancio. Obviamente, no fui el único. La decepción no solo provenía de que se cerrara el paso a un militarismo que nos metía en una organización con espina dorsal armada, sino por la actitud de mucha gente, ya que no pocos que prometían un no votaron sí. Desgraciadamente, este asustado viraje que cambia una cosa por la contraria, y lo que se dice en público por lo que se piensa en privado, tiene su punto de cobardía cuando nos enfrentamos con situaciones en las que lo que elegimos puede cambiar nuestra vida. Entonces, y con rapidez, comienza la *operación Dodotis.*

Un último episodio de pacifismo antimilitarista lo protagonizaron los llamados «insumisos». A finales de los años ochenta, un grupo de jóvenes, apoyándose en la poco antes aprobada ley de conciencia, decidió no someterse al servicio militar obligatorio, la popularmente llamada «mili». El no sometimiento a la mili, al margen de los partidos políticos, se dividía en blandos y duros: los primeros se acogían a la prestación social sustitutoria, que obligaba a trabajar durante algunos meses en los servicios sociales; los otros, más radicales, no se oponían a este o a aquel ejército, sino a la esencia de lo militar. Estos fueron los insumisos, que no objetores de conciencia. El siempre imaginativo Jesús Ibáñez introdujo el neologismo de «insumitirse». Yo también, junto con otros como Gabriel Albiac o Pilar Rahola, me declaré también y simbólicamente insumiso. Cuando fui a declarar, un juez de nombre Alonso y que luego estuvo cierto tiempo de ministro me hizo ver, con toda amabilidad, lo absurda que era mi insumisión.

Detrás de esta polémica que cala en lo que es el compromiso sociopolítico está la idea de desobediencia civil, puesta en marcha por uno de los promotores del anarquismo: Henry David Thoreau. Consiste en que, si alguien no está de acuerdo en conciencia con una norma que incluso haya sido votada por la mayoría, tiene todo el derecho a desobedecer y puede abstenerse de cumplirla. Pero aquí se abren de nuevo dos posibilidades. Una dice que, si se desobedece una pieza del sistema democrático en cuestión, es para mejorar todo el sistema. Es lo que ya sostienen socialdemócratas como John Rawls o Jürgen Habermas. La otra cuestión, la que defendíamos los insumisos, pone en entredicho todo el sistema y no una de sus partes.

Los insumisos desaparecieron una vez que el Partido Popular, siendo Federico Trillo ministro de Defensa, suprimió la mili. Pero el espíritu de insumisión seguirá vivo en aquellos que siempre recelen de la obediencia sin más. Esta, que se convierte en miserable cuando se acepta algo simplemente porque está mandado, destruye la voluntad. Bien lo vio Hanna Arendt cuando mostró los errores de la obediencia debida que hoy, más que nunca, tendríamos que desterrar de nuestros hábitos.

En aquel mismo año 1986, aquel *año OTAN*, ocurrió un hecho que siempre recordaré: el asesinato de Olof Palme, siendo primer ministro de Suecia. Palme, a quien tuve la suerte de conocer en un encuentro que promovió Juan Luis Cebrián en *El País*, es una figura clave en la historia de la socialdemocracia europea y es para mí un modelo de político comprometido con las causas del pacifismo y la defensa de los derechos humanos.

Antes de acabar este capítulo no estará de más recordar lo que dio en llamarse «la movida». Fue una explosión de libertad que tuvo lugar, sobre todo en Madrid, en años que cruzan la Transición. Se tomó la calle y una serie de acontecimientos artísticos ocuparon el centro de la escena: cine, tertulias, exposiciones de arte, grupos musicales y todo tipo de manifestaciones estéticas inundaron la ciudad en un despertar del cuerpo y los placeres frente a la sombría rigidez del franquismo. Dos aspectos me gustaría destacar de aquel momento. Uno es el desencanto: había llegado la democracia y no llovía ningún maná del cielo. La democracia era aburrida para las expectativas ingenuas de la gente. Otro aspecto clave es que la movida se desarrolló dentro de lo que se llamó posmodernidad. El libro *La condición posmoderna*, de Jean-François Lyotard, dio el pistoletazo de salida. Los grandes relatos habrían muerto y la razón ilustrada se habría escindido en mil pedazos. Ahí sobrevivía, especialmente, el arte. Esta crítica a la Ilustración, certera en muchos aspectos, caía en el escepticismo del todo vale. Y, desde luego, no todo vale.

2

Antes de seguir adelante me gustaría hacer una puntualización sobre lo que escribo. Es una autorrefencia para hacer más claro lo que quiero decir, porque hay personas que caen en lo que podríamos llamar «el recetario», y también en el mito de lo profundo. Las primeras te insisten en que digas algo más y siempre más concreto, en que pongas en sus manos la solución inmediata a sus problemas. Se parecen al niño que enseguida quiere coger el juguete. A estas ansiosas personas les respondería, parafraseando a Schopenhauer, que yo doy las huellas para que los lectores pongan los pies. Y es que a nadie hay que robarle que elija lo que crea oportuno o imponerle nada. En la esencia de quien esto escribe está no imponer nada y que nadie le imponga nada. Respecto al mito de lo profundo, suele ser esta la típica actitud de los que están vacíos. Me recuerda la reacción de Wittgenstein ante la petición de profundidad. Es como si te pidieran que caves el suelo con la cabeza. En vez de entender bien lo que se describe, empiezan a correr hacia atrás en una inútil búsqueda de lo desconocido. ¡Dios nos libre de los profundos! Como escribía Montaigne, yo narro; y como digo yo, solo yo quiero ser el hilo conductor de lo que ha sucedido, el que trata de retratar una época. Una vez hechas estas matizaciones, paso al segundo capítulo, que encierra una época llena de acontecimientos. En el plano personal anoto que en 1979 logré la que entonces se llamaba adjuntía y hoy titularidad; y en 1989, la cátedra. La materia fue la Ética; y la universidad, la Autónoma de Madrid.

He hablado de ciertos episodios que sucedieron en los años ochenta. Sobre algunos volveré y otros asomarán con fuerza. Por mi parte, debo decir que yo pasé a ser una figura emergente y un tanto especial en aquellos años. En 1980 participé por primera vez en el celebrado programa de televisión *La clave*, de José Luis Balbín, que más tarde sería cercenado por el Partido Socialista. Volví a otras *claves* que continuaron siendo uno de los alimentos intelectuales del momento. Desde ese instante, mi carrera fue meteórica: participé en un buen número de tertulias, tanto televisivas como de radio, di conferencias de todo tipo y estuve presente en cualquier lugar que buscara una voz nueva. Se decía que era un *enfant terrible* de cosecha tardía, que daba aire fresco. No sé hasta qué punto, y a nivel personal, esto tenía más de cáscara que de nuez, y cuánto servía a los intereses de una política que buscaba sintonías suaves para vender sus productos. Pero el hecho estaba ahí, con la particularidad de que me colocó en una situación que me hacía, a un tiempo, rojo y cristiano, vasco total y español de oficio, serio y folclórico. Aparecí disfrazado de Rey Mago en la revista *Tiempo*, en la playa en la revista *Diez Minutos*, vestido de Loewe en *El País*… y podría continuar con destapes parecidos. En unas encuestas de la citada revista *Tiempo* empataba con Arzallus y Garaicoechea como candidato político deseado; en otra famosa revista aparecía entre los hombres más atractivos, si bien en este caso sospecho que se debió a la mano generosa de Carmen Valiño.

Baste este breve recorrido, pues. Repito: en modo alguno trato de hablar sin más de mí, sino que lo utilizo como pista para pasar a otros temas y como indicación de que mi experiencia es larga y ancha. Y así hablaré ahora de los llamados «filósofos jóvenes», de los años de plomo en Euskadi y de lo que se cocía en la cocina política.

El de los filósofos jóvenes fue, ante todo, un fenómeno de juventud que rompía con las ataduras, todavía sin soltar del todo, del franquismo. En el franquismo nacieron, pero rápidamente se emanciparon de unos inicios con aroma clerical, y hay que hacer notar que su móvil estructura reflejaba más un sabor libertario que una rígida organización. Eran trashumantes, lo que quiere decir que en un congreso se elegía la ciudad en la que, el siguiente año, tendría lugar el próximo congreso. El presidente y el secretario se elegían en modo asambleario y sus cargos duraban un año. A nadie se le pedía credencial alguna y las exposiciones y discusiones discurrían con total libertad. Se invitaba a algún sénior, pero estaban ya formadas por noveles. Y de allí salieron los filósofos que iban a ser relevantes en los años posteriores. Sería la generación posterior a los Carlos París, Gustavo Bueno y Manuel Garrido, entre otros. Los jóvenes (entre los que, si se me permite, me incluyo) fueron, también entre otros, Fernando Savater, Jesús Mosterín, Eugenio Trías o Gabriel Albiac. No había un pensamiento común, pero tres eran las corrientes que atravesaban nuestras reuniones: la nietzscheana (con acentos franceses), la marxista y la analítica (de corte anglosajón). Como dato añado que Eugenio Trías escribió, con solo veinticinco años, un libro de éxito titulado *La filosofía y su sombra*. Yo escribí, a comienzos de los ochenta, *Saber vivir*, libro que se vendió como rosquillas. En realidad era un conjunto de artículos, y tal vez el atractivo título (muy pronto imitado), la cantidad de entrevistas que me hicieron y el hecho de que hablara de la vida cotidiana en un momento de retorno a uno mismo hicieron el resto para su éxito.

Si comparo a aquellos filósofos con los que ejercen de filósofos hoy, las diferencias son considerables, pues son reflejo de dos épocas muy distintas. Obsérvese que digo «que ejercen de filósofos», y es que hoy se ha abierto la veda para que cualquiera monte un quiosco en el que diga curar las heridas del alma, que sabe de verdad interpretar a los griegos o que ofrece toda la doctrina de Kant en diez minutos… e Internet hará el resto. Los filósofos de hoy son *influencers*, *coaches* y periodistas, y la materia que venden es una estética a medida y un toque constante a la emoción. Lejos de mí queda afirmar que cualquier tiempo pasado fue mejor, pero faltaría a la sinceridad si no dijera que en los filósofos jóvenes y su entorno se daban características que actualmente, y en conjunto, veo perdidas. Relataré algunas: se estudiaba mucho, sin duda, pero no se escatimaba el compromiso político; había tiempo para todo, y de ahí que fueran personas mediáticas que escribían o hablaban en todos los rincones posibles; y, cosa muy importante, sabían latín, griego y alemán.

He citado antes a algunos filósofos que precedieron al grupo de los filósofos jóvenes, y quiero recordar a José Luis Aranguren, que fue siempre una persona joven, en contacto con la juventud. Lo conocí y traté mucho. En realidad, se convirtió en un gran amigo. José Luis, como lo llamaba, sabía estar, sabía callar y sabía sugerir. No poca de la filosofía analítica que comenzó a entrar en España se debió a él, y lo que nunca habría que olvidar es que su compromiso le valió la expulsión de la universidad. Su pecado capital contra la dictadura consistió en encabezar, en 1965, una manifestación de estudiantes, junto con Agustín García Calvo y Enrique Tierno Galván, que supuso un zarpazo colosal a la dictadura. No hay que olvidar nunca estas cosas, porque existen personas que dan la cara y otras que se esconden y que, si otean que no hay peligro, suelen pasar rápidamente de conejos a bien situados pobres hombres.

El profesor Aranguren merecería una monografía por mi parte, no solo por el ejemplo que dio desenganchándose de una generación que nunca perdió el olor nacional católico, sino por los buenos ratos que pasé con él. De las muchas anécdotas que podría contar me voy a detener en dos. Una se refiere a una comida que compartió con Paco Umbral y conmigo en El Escorial. Eran los tiempos de las universidades de verano y en los que resplandecía el dinero del entonces rey Midas: Mario Conde. No ser invitado a Santander o a El Escorial significaba que no estabas en el cotarro. En la comida en cuestión bebimos los tres mucho, tal vez demasiado, y acabamos haciendo un diagnóstico de la feminidad que mezcló vino, picardía, cierto academicismo, autocrítica y un indisimulado machismo... Fue algo digno de haber sido grabado. En otra ocasión, Aranguren me llamó un domingo para que le lo acompañara a un ágape con unas señoras de La Moraleja, que lo rodeaban, lo mimaban y le escuchaban con la boca abierta. Yo, más por provocar que por otra cosa, dije que, de acuerdo con Sartre, no hay cosa más erótica que el celibato. Rápidamente las señoras se me echaron encima llamándome «seminarista» y no sé cuántas cosas más. Aranguren, sin perder la calma, se volvió hacia mí y, con toda la sorna del mundo, me dijo que yo era para él un maestro en todo excepto en lo que ahora había salido de mi boca.

En aquellos días desarrolló una gran actividad político-cultural el Instituto Fe y Secularidad, dirigido por el jesuita José Gómez Caffarena. El Instituto se amparaba en el escudo del Vaticano, que era al que en último término debía obediencia. El *Caffi*, como lo llamábamos cariñosamente los amigos, fue un distinguido jesuita que desde su prudencia ignaciana estuvo en la vanguardia moderada prodemocrática. Tengo que decir que en mi favor movió una ficha por la que le he estado siempre agradecido. Cuando me expulsaron de la Autónoma, no solo me quedé en la calle, sino que el efímero y raro ministro Julio Rodríguez me cerró la puerta para ser docente en cualquier sitio público. En ese duro momento Caffarena me llamó para que enseñara Lógica en la Pontificia de Comillas, donde él era profesor y hasta donde no podía llegar la larga mano de la dictadura, pues, no se olvide, el Vaticano es un Estado y mantiene un concordato con el Estado español vigente todavía hoy. Así, yo podía dar clase en la universidad comillense pero no podía poner un pie en una española. Cuando les contaba a mis amigos suizos que en la católica España yo era profesor en un espacio católico expulsado de otro lugar católico, pensaban que les hablaba en chino.

En Fe y Secularidad nos reuníamos personas cercanas a la Filosofía y la Teología, y se organizaban seminarios y conferencias cobijados por un entorno claramente antifranquista, siempre bajo la batuta del teólogo filosófico Caffarena y la protección de Aranguren. Por allí pasaron la mayoría de los intelectuales y allí conocí a mi gran amigo Manuel Fraijó, al que considero el mejor teólogo español actual. Añado que Caffarena ayudó a una pobre economía como la mía, propia de alguien que no tiene trabajo y al que le acababa de nacer un hijo.

Otro de los asiduos y animadores de Fe y Secularidad fue Javier Muguerza, sucesor *in pectore* de Aranguren, situado en un escalón anterior a los filósofos jóvenes. Su influencia en la academia es innegable, y a su alrededor se juntaron no pocos con aspiraciones de obtener puestos en la enseñanza de la Ética. Como una cuestión de hecho, Gregorio Peces-Barba (en Derecho) y Javier Muguerza (en Ética) movieron los hilos para que los puestos universitarios fueran ocupados por gente de centro izquierda, que es lo mismo que decir por gente socialdemócrata.

El año 1989 no solo marca un cambio de decenio, sino una convulsión mundial: cae la Unión Soviética, sus satélites y el muro que dividía a las dos Alemanias, y es la era de Gorbachov. El gigante chino se tambalea y, aunque rápidamente sofocado, nos ofreció la inolvidable foto de Tiananmen: un hombre solo ante los tanques.

Ese mismo año me llamó Pedro J. Ramírez para que formara parte del Consejo Editorial de *El Mundo.* Allí estuve nueve años, y escuché y vi todos los chismes, noticias y discusiones de aquellos alborotados años. El periódico comenzó como un tiro. Al final me echaron del Consejo y, en realidad, del periódico. Poco antes me ocurrió lo mismo con el diario *El País,* en donde colaboré desde el día que nació hasta el día que me censuraron un artículo. Me dijo Juan Luis Cebrián que había pedido el voto para Herri Batasuna. Lo que yo desaprobaba era la incoherencia de los obispos, que se ajustaban la ropa predicando neutralidad, pero condenaban a unos y mimaban a los suyos. Dichas expulsiones fueron solo un ejemplo, unas más de las muchas y variadas de las que he sido objeto a lo largo de mi vida. Debe de ser mi destino. No me pongo medalla alguna, pero lo tomo como una señal de que voy por el buen camino.

Entre el final de los años ochenta y los comienzos de los noventa del siglo pasado desarrollé una actividad frenética, escribiendo y también dirigiendo proyectos editoriales, como la Colección de Ensayo de la editorial Temas de Hoy. También daba múltiples conferencias y ante cualquier público que tuviera a mano. En ambos casos, escribiendo y hablando, defendía lo libertario frente al bipartidismo en el que han acabado las democracias liberales, y sin militar en la izquierda clásica, aunque la apoyara en muchas ocasiones, con unos vaivenes que mi querida mujer, apoyo constante y recuerdo imborrable, bautizó como lo erótico-festivo. El ambiente lo favorecía y más adelante matizaré en qué sentido.

En esos días, un tanto alegres, los desfiles de Loewe ocupaban las primeras páginas y el mundo rosa vivió todo su esplendor. Programas como *Tómbola,* en los que se cronometraban los polvos que un famoso echaba en una sola noche, hacían las delicias de no pocos hogares. Antes me referí a ello y ahora lo remato: como una anécdota más que redondee el cuadro, recuerdo la entrevista que me hizo en la televisión Lola Flores, que antes le había hecho otra a Aranguren. Los filósofos y la folclórica, la Faraona. También conocí en aquellos años a Elena Ochoa, una gran profesional de la comunicación con programas rompedores y de excelente factura, como *Hablemos de sexo* o *Luz roja.* Fue una gran amiga de la que conservo siempre el mejor recuerdo.

Fueron tiempos de euforia, de hedonismo y, obviamente, también de ridículo. Escribí varios libros, y recuerdo especialmente uno, titulado *La vida buena,* que gozó de un respetable éxito; pero inmediatamente quiero hacer una aclaración pertinente: la falsa autoayuda, que ha crecido hoy hasta tocar la luna, es un fraude, que vende espejismos como terapia para sanar las heridas del alma. Libros y panfletos llenaron entonces las librerías y un sinfín de nuevos *sacerdotes* comenzaron a predicar cómo se podía alcanzar rápidamente la felicidad. No es eso lo que yo decía, y me entretendré brevemente para explicar qué es lo que realmente pienso. No existe algo rotundo y redondo en una especie de mundo platónico, pues eso sería la falsamente idealizada felicidad, sino que lo que importa es poner en funcionamiento nuestras capacidades y crecer todo lo posible hasta lograr el máximo bienestar. Es lo que dijo Aristóteles y que sigue vigente. Hay que desoír a improvisados sabios, a psicólogos de barrio, a aquellos que derraman verborrea sobre las cabezas de los incautos.

Antes de entrar, como he anunciado, en otros aspectos centrales de la vida española, quiero referirme a mi actividad universitaria. Yo había ganado la cátedra de Ética en la Autónoma. El sistema se movilizó para que saliera otro candidato, pero perdió. La socialdemocracia pseudoizquierdista nunca me vio con buenos ojos pues, como es bien sabido, no son de recibo los que van por libre y sin apoyarse en ninguna tribu. Además, se me reprochaba un vasquismo insolente que casi olía a denuncia. Como luego indicaré, mi clara defensa de la autodeterminación de Euskadi no era, obviamente, condescendencia alguna con la violencia. Ya funcionario pleno, seguí dando mis clases de Ética y Filosofía de la Religión. Cumplí puntualmente con mi deber y ojalá dichas clases y direcciones de tesis hayan servido para ayudar a que mis alumnos hayan podido sobrevivir mejor. Me llevé siempre bien con los alumnos y fui amigo, que no confesor. En cuanto acababa mi cometido, salía disparado. El tiempo es oro y no era cosa de desaprovecharlo en despachos o pasillos. En términos generales, no tengo buena idea del alumnado. Te usan como un clínex y entre ellos se odian con amor. Respecto a los colegas, solo guardo respeto intelectual y humano por Carlos París y Tomas Pollán. La universidad me pareció una especie de Estado en pequeño; un mastodonte con no mucha materia gris; una oficina con poco mundo. Las conspiraciones, el cuchicheo y el pasar el tiempo para ver si se caza algo son su sustancia.

Los años ochenta fueron de movimientos globales, promesas de mundos alternativos y suspiros a favor de la sostenibilidad. La gente se precipitó al consumo, alentada por el optimismo del ministro Solchaga y una coyuntura económica internacional que parecía venir bien a España. Inmediatamente sacó sus garras la corrupción. Como una especie de maldición recurrente, a un aumento de bienestar económico le sucedió el descenso de las exigencias ideológicas y la citada corrupción. La corrupción se ha estudiado por activa y por pasiva, por la codicia de unas élites gobernantes y por la complicidad de unos ciudadanos que se conforman con las sobras del poder. Pero se puede dar un paso que va más allá de los, por lo demás bastante claros, elementos que podrían ser casi constitutivos de la corrupción. Habría que mirar a lo que es el Estado moderno, un leviatán que todo lo devora, que gasta mucho más en su mantenimiento y reproducción que en todo lo que tenga que ver con las necesidades e intereses de los súbditos. Los partidos políticos ejercen de repartidores de los útiles que llegan a los súbditos y estos responden con obediencia. El Estado y los partidos tienen que, además de crear puestos para los suyos, atender a aquellos que luego les van a votar. Se dirá que, en el conocido como «estado de bienestar» y bajo los principios de Keynes, todos estarían satisfechos. De hecho, no ha sido así. Por otro lado, los votantes son una mezcla de mayores en residencias y adolescentes. Los primeros, cansados, desean tranquilidad; los segundos no acaban de enterarse de lo que sucede. Y, así, la democracia es una sobra de sí misma. En este punto, para paliar estos defectos de bulto y en el período de tiempo del que hablamos, se orquestó todo un programa propagandístico de educación para la ciudadanía, se publicaron libros al respecto y se prodigaban conferencias en plan paternalista. Sin embargo, todo quedó en algún ruido y pocas nueces. El ciudadano está todavía por llegar.

En 1996 Aznar ganó las elecciones con el PP, por mayoría simple, y en 2001 volvió a ganarlas, esta vez por mayoría absoluta. En el 2004 el poder político volvió de nuevo al Partido Socialista. Conviene resaltar lo de *poder político* porque el económico no se movió de las manos de los de siempre. Al triunfo de los socialistas en 2004 le antecedió la matanza de Atocha, un atentado en el que murieron 192 personas. La autoría real de esas muertes seguirá gravitando sobre nuestras sospechas. No es cuestión de ir de conspiranoicos, pero la mayor parte de los grandes atentados de la historia han quedado en la oscuridad, desde Prim hasta Carrero Blanco. Además de todo ello, en medio de los años citados hay que recordar dos hechos que impactaron, al menos, en el votante español. Uno es la corrupción en las filas socialistas; el otro, la guerra de Irak.

Nos referimos antes a la corrupción política, que tiene muchas escalas y se manifiesta de variadas formas. El soborno, el cohecho y el clientelismo son solo algunas cabezas de las acciones corruptas. En general podemos decir que se trata de abuso de poder, que deshilacha las democracias, genera problemas económicos y corroe la ética cívica. El Partido Socialista, aupado en un principio con mayoría absoluta, fue perdiendo adeptos porque, precisamente, se vio envuelto en numerosos casos de corrupción. Nombres como las falsas empresas Filesa o Matesa resonaron en los oídos de la gente como golpes a un partido que se autoproclamaba de izquierda. No es este el momento para que nos preguntemos qué es la izquierda. Luego lo haremos, pero adelantemos que, si la izquierda quiere ser real y suplir las carencias de los más débiles, debe ser de una coherencia ejemplar. No se puede decir con una mano que se defiende al pobre y con la otra hacerse rico. La airada reacción contra la corrupción irrumpió en el escenario nacional.

Hubo medios de comunicación, entre los que yo destacaría *El Mundo*, que no cejaron en señalar todo el tinglado que la política ofrece a quienes roban con guante blanco. Convendría advertir, sin embargo, y ya lo adelantamos antes, que la estructura del Estado lleva como alma gemela a la corrupción. Por eso las llamadas «almas bellas» desechan este tipo de Estado; y, aunque las tachen de inocentes, seguirán siendo bellas. Por otro lado, no todos los debeladores de la corrupción eran puros. Les servía para combatir a la oposición. Desgraciadamente, en cuanto llegaran al poder harían lo mismo. De los corruptos habría que decir lo que el historiador italiano Cipolla dice de los imbéciles: que no hay que subestimarlos, porque son aún más imbéciles de lo que parecen. Con los corruptos sucedería lo mismo.

Uno de los resultados de la corrupción socialista fue el relevo en el Gobierno. Ganó el PP, como antes se indicó, y se mantuvo en el poder durante dos legislaturas. Durante ese tiempo, la derecha conservadora se miró al ombligo diciendo que España iba bien. Pronto otros escándalos y su atrasado catolicismo lo volvieron a mandar a casa. Por no hablar de la pésima gestión y el engaño de la antes citada matanza de Atocha. El PP se empeñó en otorgar la autoría del atentado a ETA, cuando ya todo el mundo sabía que no era así. Como experiencia personal tengo que decir que el día del terrible atentado el diario vasco *El Correo* llamó a algunos vascos afincados en Madrid para que opinaran sobre aquel fatal suceso. Yo fui uno de aquellos vascos en Madrid. A las pocas horas cancelaron todas nuestras intervenciones en los medios.

En el año 2003, Estados Unidos invadió Irak. Lo hizo siendo su presidente George W. Bush y teniendo como su principal aliado internacional a Inglaterra, siempre solícita con el *hermano mayor.* Gran Bretaña tenía como jefe de Gobierno a Tony Blair, quien se las daba de socialista de izquierda. Tanto es así que estaría influenciado por el sociólogo Anthony Giddens, quien se presentaba como un renovador de la socialdemocracia. No es fácil saber en qué consisten unas virtudes cívicas como las que querían rescatar también otros sociólogos en la estela de Giddens. Se supone que un reforzamiento de las virtudes individuales orientadas al bien común. Al final, más palabras que hechos. Otras potencias se sumaron al toque de corneta angloamericano; y Aznar, que debió de ver la oportunidad de hacerse mayor, se sumó a esta santa alianza. La foto de Aznar en las Azores con los dos personajes anteriormente citados le perseguirá toda la vida. Algunos presentamos una querella contra la intervención española que enseguida fue desechada. La razón de la invasión de Irak se basaba en que este país, bajo la mano férrea de Sadam Hussein, poseía armas de destrucción masiva. Había que capturar al tirano. Lo capturaron y fue ahorcado. No habría que olvidar que el secretario general de la OTAN, el socialista Javier Solana, también se sumó al hipócrita bulo de las armas de destrucción masiva. Con lo fácil que es pronunciar la palabra «petróleo»...

La intervención de España en aquella guerra fue un acto descabellado. Los más puristas de la derecha negaron que hubiera intervención directa alguna pero, digan lo que digan, parece un hecho innegable que hubo apoyo diplomático y logístico, y al final se envió un retén estrictamente militar. Este movimiento intervencionista del Gobierno español produjo una fuerte reacción en contra. Muchos nos pronunciamos desde todos los foros a nuestro alcance, y se organizó una colosal manifestación contra la guerra. Nunca he visto una cosa igual. Como suele decirse, allí no cabía un alfiler. Estábamos de todos los colores. En su libro *La ley del pueblo*, el conocido filósofo y político John Rawls escribe que, en ocasiones, se produce una cohesión tal que podemos hablar del pueblo en cuanto tal. Creo que, contra la guerra de Irak, en España hubo pueblo. Mientras tanto, continuó muriendo la gente en ese país, y no se arregló nada. ¡Lo absurdo que es mezclar democracia con bombas!

3

Es hora de entrar, *in extenso*, en lo que durante aquellos años de plomo sucedió en el País Vasco, y que alcanzó a toda España. Alguna observación previa: siempre me ha sorprendido la ignorancia del español medio respecto a los vascos, que se queda en algunos tópicos, repetidos como un rosario, tales como que son nobles y brutos, tienen un gran equipo de fútbol y hablan una lengua rara. Es extraño que pasen de largo frente a un pueblo enigmático y misterioso que incita a preguntar por su origen, a escarbar en su antiquísima lengua, en sus ancestrales costumbres. El País Vasco es una mina para cualquiera que tenga la más mínima curiosidad antropológica y lingüística: un islote, un milagro, un desafío a la historia.

Sin embargo, cuando fuera de Euskadi he dicho que el euskera no es una lengua indoeuropea, les ha sonado a chino; o, cuando he preguntado cómo se dice «sí» y «no» en euskera, me suelen contestar que a ellos les basta con saberlo en inglés. Una demostración de ignorancia supina, combinada con la típica mala fe del que ignora. Porque esos mismos dirán, a voz en grito, que Vasconia o Euskal Herria es españolísima.

Tampoco es fácil encontrar a alguien que, por oficio y experiencia, debiera estar informado de cómo surgió ETA. A lo sumo hablan de muertes, tiros y otro tipo de desgracias. ETA, que quiere decir «Euskadi y libertad», nace en los años cincuenta con un grupo de nombre Ekin cuyos promotores fueron, entre otros, Julen Madariaga, Benito del Valle, José Aguirre y José Luis Álvarez Emparanza, más conocido por Txillardegui. El grupo de jóvenes se alza como reacción ante un PNV al que ven dormido, hecho inaugural del que tampoco sabe mucho la gente; y tampoco deben de tener claro que Euskadi lo conforman siete territorios: tres en Iparralde o Euskadi Norte, en Francia; y cuatro en Hegoalde o Euskadi Sur, en España (Vizcaya, Guipúzcoa, Álava y Navarra). Por cierto, es un error de bulto hablar de Euskadi y Navarra como dos entidades diferentes.

Yo soy vasco, y todo lo que diga corre el riesgo de ser poco objetivo a causa de unas vivencias personales que subjetivan todo el asunto. No diré raza vasca, que sí lo dijo Unamuno, porque está de sobra hablar de raza en este contexto o en cualquier otro; ni afirmaré, como lo hizo Sabino Arana, fundador del Partido Nacionalista Vasco, que los vascos son superiores a los españoles, porque es confundir diferencia con superioridad. Y ni unos ni otros: haré todo lo posible por mantener el equilibrio. Se ha dicho que cuando un vasco estalla, canta, pues no en vano somos uno de los pueblos con mayor sensibilidad musical del mundo. Estaré, diga lo que diga mi admirado Bergamín, más con la música que con la letra. Se cuentan chistes de los de Bilbao que exageran nuestra autoestima hasta el ridículo. Yo, que soy de Bilbao, me río de los chistes y de los que los cuentan. Y ahora, a los años de plomo.

La entrada de ETA en el panorama nacional no se entiende bien si esa actividad guerrera, que causó más de ochocientos muertos, no se encuadra en el momento adecuado. ETA comienza su actividad armada, que enseguida degenerará en terrorismo, en un contexto mundial de rebelión antiimperialista y anticolonialista, y con la voz cantante de los países neutrales. En medio está la Revolución cubana y grupos armados en Alemania, Italia y otros pueblos que quieren compaginar su independencia con la lucha anticapitalista. De ahí surge una mezcla de un nacionalismo extremo y un marxismo cogido por los pelos (no diré de un nacionalismo identitario, porque eso es no decir nada). De lo que de momento se trata es de reivindicar la independencia de Euskadi, pero el gran contexto en el que todo se inserta es la guerra civil española, que todavía pisa los talones.

Yo nazco en Portugalete a comienzos de los años cuarenta, segundo de siete hermanos, hijos de un maestro represaliado. Pueden imaginarse las estrecheces y miserias en un ambiente sórdido. Las heridas de la guerra eran evidentes. El bando nacional arrasaba, y Vizcaya y Guipúzcoa fueron consideradas provincias rebeldes, sometidas al aluvión represor. Los *gudaris*, combatientes antifranquistas, iban a tener que soportar la bota de Franco sobre ellos o sobre sus allegados.

No es necesario extender la memoria para saber que el nacionalismo vasco luchó a favor de la República y contra el fascismo. Aunque yo, todavía niño, no me enteraba de los fusilamientos, las cárceles, las torturas y las pérdidas de trabajo o humillaciones, sí viví en mis carnes, bastante esqueléticas, el horror de esos días. Lo que sí recuerdo con mayor nitidez, además de la falta de pan, es el nacionalcatolicismo imperante. La Iglesia lo invadía todo. Iglesia y patria estaban por todas partes. A pesar de que ser falangista, en sus variados grados, era prácticamente una obligación, el cerrado catolicismo carlista dejaba su impronta. Hice la primera comunión con un traje prestado de marinerito a una edad ridículamente temprana. Aprendí de memoria el catecismo bajo los ojos atentos de sectarios catequistas y el apoyo total del Estado. Me envolvía un ambiente tal de confesiones semanales, bajo la palabra tronante de los sacerdotes de la socialmente poderosa parroquia, los rosarios, las procesiones y tantas actividades más, que acabaría cansado de hablar de ello, y podría contar tantas anécdotas de aquellos ultrarreligiosos años que esto que escribo se alargaría *ad infinitum*.

No en vano, los cardenales Gomá, Plá y Deniel, y el falangista salesiano Marcelino Olaechea no solo defendieron desde el principio el alzamiento de Franco, sino que maniobraron para que el Vaticano le diera el título de «cruzada», a pesar de los esfuerzos del jesuita padre Salaberri para que no se llegara a tanto. De esta manera pudo Franco, caudillo de España por la Gracia de Dios, caminar bajo palio, una mancha difícil de borrar en la historia de la Iglesia española.

Se suelen distinguir tres posturas en lo que atañe a las relaciones entre la Iglesia y el Estado: en una, el Estado católico utiliza a la Iglesia; en otra, un Estado no creyente utiliza a la Iglesia, como es el caso de Charles Maurras, ideólogo de la ultraconservadora Acción Francesa; finalmente, se da aquella relación en la que Iglesia y Estado se abrazan fraternalmente. Probablemente es esto último lo que sucedió con el franquismo.

Entretanto, algunos fuimos espabilando y empezamos a movernos contra la dictadura, no sin riesgos, obviamente. Espabilar es algo que ocurre en unas personas y pueblos, pero no en otros. Pueden ser muchas las causas, pero el hecho está ahí, porque hay personas que pasan por este mundo sin romperlo ni mancharlo, que no se enteran de nada, que comen y beben como si fueran fantasmas, que hacen daño sin conciencia alguna, que se nutren de los demás y les hacen perder el tiempo. De estos diría Schiller que ni los dioses nos protegen. Somos nosotros los que debemos protegernos y huir de ellos como de la peste. Lo malo es que, tal y como están las cosas, un tonto más y se cae al agua. Y es que, si antes hablamos de la corrupción en política, existen otras muchas más, y una de ellas es la corrupción cultural, aquella en la que se anestesia a la gente y se la mantiene en la ignorancia. En mi caso, una persona que me ayudó a espabilar de modo especial fue mi primo, para mí un hermano, Periko Solabarria, una figura excepcional y un modelo de solidaridad universal. Cofundador de Euskadiko Ezkerra, fue luego dirigente destacado de Herri Batasuna. Era un hombre inteligente, entregado, único.

Hasta los dieciséis años estuve dentro de la matriz nacional católica; pero oía respirar a los que habían perdido la guerra y empecé a notar que aquellos a los que se acusaba de nacionalistas tenían razones para protestar. En casa, mi padre, un auténtico «Ángel» —como su propio nombre—, era el tradicionalismo puro teñido de bondad; pero mi madre era un torbellino. Frente al españolismo navarro se levantaba una mujer vasca, recia y que sabía lo que es sufrir. Ahí detecté un robo. Mi madre era euskalduna y siempre arrastró mal el castellano. A mí me robaron el euskera, hecho que lamento como una de las grandes pérdidas de mi vida. En este punto, y respecto al nacionalismo, tema en el que me detendré con detalle más adelante, me limitaré ahora a decir lo siguiente: por un lado, los nacionalistas se me presentaban como gente que había luchado para defender nuestras costumbres; y, por el lado opuesto, se vendía el nacionalismo como algo pétreo. Nos lo inculcaban como una perversión, una hipertrofia de la identidad, una sustancia tóxica. Naturalmente, no era así.

Un cambio considerable de mi conocimiento y compromiso de y con el País Vasco se dio en la Universidad Pontificia de Comillas, regida por los jesuitas. Allí llegué a los dieciséis años, espoleado por mis ansias de ser buen chico, que deberían concretarse en la condición sacerdotal. Hace todavía poco tiempo relaté en *Memorias comillenses* los cuatro años que pasé en dicha universidad hasta que me fui (o «me fueron») a Salamanca. En aquel relato tal vez me pasé en ironía pero, en cualquier caso, tengo que reconocer que recibí una excelente formación humanista y adquirí buena parte del espíritu jesuítico que me ha servido de mucho en la vida En Comillas había muchos vascos y buscábamos cualquier ocasión para charlar e intercambiar opiniones. De esta manera fui entrando y madurando en los problemas de mi pueblo, más otras influencias importantes, como la que recibí de mis colegas cubanos. Había triunfado la Revolución cubana y se abría un panorama esperanzador en todos los movimientos de liberación. Al principio me interesó, pero mi ánimo decayó cuando me enteré de los fusilamientos de La Cabaña, y de aquella fallida revolución hoy solo ha quedado una dictadura vulgar y moribunda.

Estando en Comillas coincidí con el final de los maquis en Cantabria, guerrilleros anarquistas que resistieron hasta la muerte. Se llamaban Juanín y Bedoya, y murieron, sin rendirse, abatidos por la Guardia Civil. Recuerdo que, yendo yo en el coche cerca de donde mataron a Bedoya, una de las señoras que iban en dicho coche nos hizo rezar un padrenuestro por su alma.

Cambiando de escenario, en los años sesenta se produjo algo que removería no poco el franquismo. Más de trescientos curas vascos escribieron una carta criticando la dictadura y defendiendo los derechos del pueblo vasco. El revuelo fue tan grande que Madrid corrió a quejarse a Roma, y muchos que desde dentro del sistema se escandalizaron cayeron en la típica falacia de los que mandan. Argumentaban que los curas no debían meterse en política; y lo decían, cínicamente, los que chapoteaban en políticas: hablo de curas rebeldes, separatistas, desobedientes e indignos de llevar sotana. Un ejemplo era el obispo de Bilbao, Pablo Gúrpide, a quien conocí en Roma. El hombre era tan largo en memoria como corto en conocimiento, y resultaba gracioso contemplar cómo, cuando sufría la más leve enfermedad, su hermana Polonia gritaba diciendo que era culpa de los curas díscolos.

ETA comienza su actividad armada, poco antes de los años setenta, con robos, algún secuestro y quitando la vida a un personaje importante. El hecho tuvo una gran repercusión: mataron a Melitón Manzanas, un policía con fama de torturador. En 1973 se produce otro hecho relevante en su estructura y desarrollo cuando es abatido a tiros por la policía, en Las Arenas, su dirigente Eustakio Mendizábal, Txikia (precisamente, el comando que hizo saltar por los aires a Carrero Blanco llevará el nombre de Txikia).

Aquel fue un momento crucial en ETA. Antes se había celebrado el internacionalmente conocido Juicio de Burgos, en el que, afortunadamente, no hubo que lamentar que se cumplieran las penas impuestas por un tribunal militar a activistas vascos comprometidos en su lucha de liberación. Me referiré enseguida a ello. En España la izquierda, en general, miraba con simpatía a quienes se enfrentaban a una dictadura que se prolongaba sin muestras de ser derribada. Entretanto, alguna huelga, alguna manifestación y poco más. Muchos vascos seguimos con cierta simpatía los sobresaltos que recibía el régimen y el descaro con el que se trataba al represor. Entre los jóvenes se produce un fenómeno recurrente en estos casos: aparecía la figura del héroe. El héroe ha fascinado y se ha mitificado en todas las culturas. Es un valiente al que el destino le encomienda una misión que lo enfrenta a la muerte, y se le acaba colocando en un orden humano superior porque es capaz de modificar la historia. Otras personas vieron estas sacudidas antifranquistas como una especie de aurora democrática, y ciertamente estos chicos irían abriendo la puerta a un régimen de libertades.

Pronto hizo mella en mí, y me perturbó, la idea de terrorismo, porque se trata de un concepto con límites muy imprecisos y es difícil saber cuándo hay que diferenciar guerrilla de guerra; o cuándo podemos hablar de legítima defensa en relación con la violencia. A mí siempre me interesó el jesuita Francisco Suárez, el *Doctor Sutil*, y me llama la atención que se le conozca tan poco en España cuando tanto influyó en autores como Descartes, Leibniz o Schopenhauer, así como en la modernidad en general. No sé si tiene que ver con la supuesta timidez española o, sencillamente, con la ignorancia. A través de Suárez me introduje en la escuela de Salamanca, y en esta me interesó la doctrina del también jesuita padre Juan de Mariana, que justificaba el tiranicidio en determinadas y extremas circunstancias. Según De Mariana, el tirano podía perecer a manos del pueblo llano, lo que nos retrotrae al debatido problema de los medios y los fines, en el cual creo que no todos los medios valen para alcanzar un fin, por bueno que fuera el fin (ya nos advirtió Aristóteles que lo que hemos de pensar son los medios).

Los que creíamos, y creemos, que la pena de muerte hay que erradicarla siempre, no podíamos estar de acuerdo ni con De Mariana ni con ETA, por mucho que nos gustara Euskadi. Si terrorismo es causar terror con los instrumentos que se tengan a mano, se trata de algo abyecto. Y si el objetivo que persigue fuera loable, quedaría manchado por tales instrumentos: aunque parezca que se ha dado un paso hacia adelante, una importante parte humana se ha perdido.

Como dije anteriormente, el Juicio de Burgos tuvo eco internacional y agitó los ánimos de muchos españoles. Podían ser fusilados algunos; y, entre ellos, los que recibieron dos condenas *olían a paredón*. Al final, se les conmutaron las penas, y las presiones a favor de que se los indultara resultaron eficaces. Muchos respiramos aliviados. Los condenados, no obstante, dieron muestra de una firmeza admirable y se encararon con valentía al tribunal militar que los juzgaba y en el que sobresalía el coronel Troncoso. Como dato curioso hay que decir que alguno de estos luchadores, que se mostraron desafiantes ante quienes los juzgaban, pasaron más tarde a formar parte del muy moderado Partido Socialista.

Y que alguno, también más tarde, empezó a ser amenazado por las mismas siglas que en su tiempo defendió.

El dato, más que curioso, resulta dramático como ejemplo de la volubilidad de las personas. Recuerdo que fui a hablar con una colega de la universidad, que parecía progresista, para articular algún modo de movilización en favor de los enjuiciados. Se tiró de los pelos, medio lloró y dijo que estaba abatida. No hizo nada más... Pasados los años, se hizo con el rectorado. Este tipo de reacciones en las que alguien hace teatro, sintiéndose muy abatido, recuerda lo que dice Nietzsche de los farsantes llorones: utilizan el llanto como argumento. La rectora, por cierto, pertenecía al grupo de los Mendoza, Solana o Bustelo, familias que mandaban mucho en Madrid y que pastorearon la llegada de los fieles socialistas.

Hubo tres destacados abogados en el juicio: Txiki Benegas, Juan Mari Bandrés y Gregorio Peces-Barba. También acabaron en el socialismo. Peces-Barba nos prestó auxilio político, con José María Mohedano, cuando nos expulsaron de la universidad. Provenía del catolicismo izquierdista y había escrito la tesis sobre el filósofo Maritain, de quien guardaba una foto en su despacho. Más tarde llegó a ser un importante catedrático de Filosofía del Derecho y luego fue rector y mentor de la Universidad Carlos III, y presidente del Congreso de los Diputados. Coincidimos más de una vez como miembros de tribunales de oposiciones a cátedra, a los que solía llevarme en su coche oficial; y, a pesar de nuestra poca sintonía política, lo pasamos bien. Era un hombre autoritario y cordial, y eso que los coches oficiales y las puertas giratorias son un auténtico desastre para una democracia realmente soberana.

En 1974 el garrote vil mató al joven Salvador Puig Antich destrozándole el cuello. El garrote vil es una máquina para matar que ensombrece todo punto de humanidad. Los terribles métodos de tortura que históricamente se han ensayado para ejecutar a la gente solían ser la antesala de la muerte. En el garrote vil, sin embargo, toda la maldad se concentra en el acto de morir, en el que el reo es vilipendiado mientras se lo mata en una acción tan perversa que nuestra imaginación se revuelve si queremos entenderla. En un rasgo de venganza franquista, toda la furia se centró en un anarquista que soñaba con un mundo mejor. Miembro del Movimiento Ibérico de Liberación, Puig Antich realizó algún tipo de acción ejemplar propia de los libertarios más puros, pero el garrote cayó sobre él como chivo expiatorio, como si fuera un delincuente. Para nada sirvieron las llamadas a la clemencia del papa Montini, ni del canciller Willy Brandt, peticiones a las que se contestaba diciendo que el caudillo se había retirado a descansar. Puig Antich continúa en la memoria de muchos españoles, en gran cantidad de películas, documentales o exposiciones que así lo atestiguan (piénsese, por ejemplo, en la pintura de Joan Miró). El anarquismo, con sus claroscuros, ha estado presente en la cultura política española, y la figura de Puig Antich podría servir a los jóvenes de hoy como símbolo de rebelión contra la injusticia, un espíritu de revuelta pacífica e insumisión ante la represión.

Los últimos años ochenta vieron dos atentados de ETA que conmovieron a la sociedad española, cada vez menos comprensiva con este tipo de lucha. Expresiones de repulsa se habían mostrado antes. En el caso del secuestro y asesinato del ingeniero Ryan, un suceso anterior en el tiempo, también se manifestó esa repulsa. En cuanto se conoció que había recibido dos tiros en la nuca una huelga general recorrió Euskadi. Yo me encontraba con unos amigos en Santurce y pude comprobar que era casi imposible entrar en un bar, cosa insólita en mi tierra. También pude ver las lágrimas de mi padre, pues Ryan había sido su discípulo en el Colegio

San Agustín de Las Arenas y se estimaban mutuamente. A Ryan lo mataron por ser ingeniero de la central nuclear de Lemoiz, y es que ETA, y una parte de la sociedad vasca, protestaban contra las centrales nucleares, una protesta muy ideologizada.

El secuestro de Ryan y su terrible e injusto final me conmocionaron. Yo lo había conocido mucho e incluso fuimos amigos en el Colegio de San Agustín, donde compartimos pupitre cuando cursábamos el bachiller. Yo había estado en su casa y él en la mía, pero justo en aquellos días habían detenido a uno de mis queridos hermanos, acusado de pertenencia a ETA. Se me partió el corazón al conocer la noticia, en una de esas situaciones en las que el dolor te escinde, no sabes qué pensar. Conseguí el teléfono de Juan Antonio Díaz Ambrona, miembro del Gobierno y con el que me había encontrado más de una vez en reuniones filosóficas. Toda mi preocupación era que no lo torturaran. Lo llamé y me atendió con atención diciéndome que miraría cómo estaba el asunto. A los pocos días lo soltaron, y agradecí a Díaz Ambrona su actitud, aunque no sé si, quizá, la intervención de Joaquín Ruiz-Giménez resultó ser más operativa. Y es que yo había llamado a don Joaquín para que defendiera a mi hermano Josu; y lo hizo bien. Don Joaquín fue siempre una persona respetable. Nos conocimos en varias tertulias e hicimos buenas migas, uniéndonos especialmente nuestros comunes deseos de paz en Euskadi. En los años cincuenta fue ministro en la dictadura, con la que pronto rompió. Católico comprometido y con acento de renovación en consonancia con el Concilio Vaticano II, se perfilaba como uno de los dirigentes de una democracia cristiana a la europea. Las malas lenguas dicen que el cardenal Tarancón paró las posibles maniobras en ese sentido. Los demócratas cristianos del momento, agrupados en el Grupo Tácito, acabaron en la UCD de Adolfo Suárez.

En este punto quiero hacer una mínima mención a una persona que tuvo un papel importante en todos estos tensos años de Euskadi: es José María Setién, obispo de San Sebastián, hombre inteligente y muy comprometido con su pueblo, de cuya amistad y trato gocé en aquella época turbulenta.

Los dos grandes atentados que ensombrecieron al país, y que son posteriores a lo que acabo de escribir, tienen un marcado tinte especial. Uno es el que acabó con la vida de Yoyes, antigua dirigente etarra; y el otro, el atentado en el que perdió la vida una veintena de personas en un Hipercor de Barcelona. En este último se trata de un atentado brutal y, aunque ETA dijo que había avisado de la bomba, la disculpa no quitaba culpa. Estábamos ante terrorismo, sin más, el todo vale con tal de hacer daño al enemigo.

La incomprensión y el desconcierto frente a estas desdichadas acciones etarras iban en aumento. El caso de Yoyes es distinto, pero se encuadra en una estrategia de tierra quemada. Había sido dirigente de ETA y más tarde se había acogido a la reinserción, que se realizaba con penas que minimizaban el castigo, lo que era visto por los que seguían en el mando como una traición, una cobardía, un pésimo ejemplo o liquidacionismo de los verdaderos ideales. A Yoyes la mataron en su pueblo, delante de su hijo de dos años. Un acto realmente innoble, y muy propio de las sociedades cerradas que tienden a un sectarismo puritano. No sé, ni quiero saber, si quien la mató fue Kubati; lo que sí sé es que fue obra de un miembro obediente que hizo lo que le mandaron. Matar es más que un error; y la llamada obediencia debida, un error de errores. Envié una carta a *Egin* condenando este asesinato. Me telefoneó el director del periódico diciéndome que sería mejor no publicarla por no sé cuántas razones. Lo cierto es que no se publicó.

He hablado hasta ahora de los desmanes que se hicieron por parte de un sector de la izquierda aberzale, de aquellos que buscaban que se respetaran los derechos de un pueblo. De los que reprimieron desde el Estado español se podría contar y no parar: desde los cinco muertos en una manifestación obrera a manos de la policía en Vitoria hasta los que provocaron el Batallón Vasco Español; y el GAL. Todo ello con el concurso de las cloacas del Estado, lo que lo hace más deleznable, y por medio de montones de detenciones y (algo imperdonable) torturas. Lo de las torturas merecería un capítulo especial, porque torturar es matar poco a poco, hacer sufrir denigrando, usar el cuerpo humano como mensajero de la muerte. En estos episodios merece un lugar de deshonor el cuartel de Inchaurrondo de San Sebastián, bajo la férula de Rodríguez Galindo, general de la Guardia Civil. Lo que ocurre es que a uno le duele más lo que proviene de círculos con los que comparte ideales. Y yo (enseguida entraré en ello) podría recibir el nombre de «anarco-aberzale», un libertario que defiende, pacíficamente, los deseos de muchos de los del pueblo en el que ha nacido y se ha criado, pero que cree, firmemente, que la crítica sincera ha de ser, antes que nada, autocrítica.

Seguiré hablando del País Vasco, porque me importa y creo que importa, pero voy a hacer un quiebro para decir algo sobre mi relación con el cine. Y lo haré no solo para tomarnos un descanso y mirar otros paisajes más bellos, sino porque, también, quiero mostrar otras facetas de la vida española, pintar otros colores. Y, sobre todo, cómo a través de lo que diga puedan ser retratados otros aspectos de la vida cultural.

Siempre me ha gustado el cine. Diría que es toda una pasión. Estudiando en Roma lo viví y gocé de manera extraordinaria, pues Italia era un país en ebullición y Roma era la meca del cine. Allí estaba la poderosa Cinecittà, y desde allí se proyectaba al mundo el genio cinematográfico de Bertolucci, Fellini o Pasolini, a quien tuve la fortuna de conocer en persona. Dos películas me dejaron una gran impronta: *La dolce vita*, de Fellini, y *El silencio*, de Bergman. Se posó en mí un reguero de pensamientos envueltos en imágenes. El cine es como un libro que representa, a lo vivo, las ideas. Es arte que se nutre al máximo de la técnica.

Ya en Madrid, como profesor en la Autónoma, hice mis cameos y pinitos como actor, algo con lo que había soñado desde pequeño. Voy a referirme a algunos. Debuté en la película *Feroz*, de Gutiérrez Aragón, actuando junto a Fernando Fernán-Gómez. Todo un lujo. En donde tuve un papel más que secundario fue en la serie televisiva *Muerte a destiempo*, dirigida por Javier Macua, actuación que compaginé con mi oposición a la cátedra de Ética. Un escándalo para algún colega mojigato. Un par de veces más lo hice bajo la dirección de Antonio del Real. En una de ellas, *Las chicas de oro*, fue un verdadero placer. Y también tuve un papel en la película *Madrid* de Basilio Martín Patino, un personaje de hombre maduro que me obligó a dejarme barba.

Baste con estos ejemplos que yo colocaría como lo mejor de esa ridiculez que llamamos *curriculum vitae*. Pero en donde resplandece para mí el hecho cinematográfico es en la figura del actor artista: es una persona que se desdobla en algo parecido, y lo digo con el permiso de los neurólogos, a un bipolarismo controlado, un prodigio de creatividad.

Retomando el hilo del País Vasco, hay que remontarse a mediados de los años sesenta, puesto que en esas fechas se produce una separación decisiva dentro de ETA. Por un lado están los que en el lenguaje habitual suelen recibir el nombre de duros; y, por otro, los que quieren adaptarse a la acción más moderada de la vida política. Los primeros, también conocidos como *berezi*, comandos especiales o *milikis*, no solo continuaron con las armas, sino que intensificaron los atentados. Desde entonces, cuando se hable de ETA, la referencia será para este grupo dominante. Los otros, los que se separan y se insertan en los movimientos sociales, son la VI Asamblea o ETA Berri que, influenciados por las corrientes políticas del momento, confluirán en lo que más tarde se llamó Euskadiko Ezkerra.

La escisión es un clásico en el mundo de las rebeliones armadas. En el caso de Euskadi se hacían patentes dos opciones. Unos pensaban que desde dentro del sistema se puede transformar la política y, al mismo tiempo, había que primar al marxismo en cualquiera de sus formas, puesto que antecede a las exigencias nacionales. Los otros no parece que creyeran ni una cosa ni otra. Este vaivén entre moderados y radicales condicionará el devenir de las personas que continuaron luchando por la liberación de su pueblo. Más tarde volveré sobre ello y se podrá constatar cómo ambas posturas acaban, a la larga, en el mismo saco. Son las ironías de la historia.

En medio de toda la revuelta vasca, que naturalmente tiene su historia y sería largo entrar ahora en sus entrañas, gravita el problema de la autodeterminación: sin entrar y salir de dicho problema no se entiende nada. La autodeterminación, expuesta con toda simplicidad, consiste en que una parte de un Estado pueda ser independiente o adherirse a otro. Los Estados suelen aplastar a quienes desean separarse de ellos. Un sarcasmo, porque pareciera que todos los Estados hubieran venido del cielo ya autodeterminados. Pero es que el tema de la autodeterminación no se limita a este o aquel trozo de un Estado, sino a la legitimidad de cualquier Estado, y plantea cómo tienen que articularse las comunidades humanas para vivir juntas, y recurrir a una historia que sería la matrona de este o aquel Estado es una vaciedad. La historia no tiene capacidad para legitimar nada.

Autodeterminación no equivale a independencia. En una se pregunta si se quiere separar o no; en otra se da un paso más y se elige lo que se quiere ser. Un ejemplo claro es lo que sucedió entre la Alemania Federal y la Oriental. Se le preguntó a esta última y decidió la unión. Otro ejemplo es el de Quebec, sobre el que volveré más tarde. Se preguntó en dos ocasiones y en las dos se rechazó la separación. Recientemente lo hemos visto en Escocia, en donde también salió derrotada la separación. Y en ningún caso hemos visto que canadienses o británicos se tiraran de los pelos. Solo aquí se pone el grito en el cielo. España es un país en donde, para vivir, lo que se elige primero es el enemigo. La propia identidad se construye contra el otro. Bien lo vio Goya. En este país es rarísimo que en una discusión uno se pare y le diga al otro que tiene razón. Cosas de España...

Que la autodeterminación, en suma, no es independencia lo demuestra el hecho de que, si se hace una encuesta, el número de los que se quieren marchar es sensiblemente inferior al de los independentistas. Y un caso más a mano soy yo mismo. Como vasco, y porque me da la gana, defiendo la autodeterminación, pero dudo si votaría por la independencia. Me sorprende que todavía existan personas supuestamente ilustradas que permanecen en la confusión, y doy fe de que las hay. Una pena.

Autodeterminación no es lo mismo que el derecho a decidir, error en el que solían caer el lendakari Ibarretxe y algunos catalanes. «Derecho a decidir» no dice nada, son palabras vacías. Es como decir que ser libre es decidir, o que tener cabeza es pensar. La autodeterminación es un derecho, y ahí comienza un montón de distinciones que embarullan el concepto, porque algunos, y en una interpretación sesgada, sostienen que solo es válida para los pueblos colonizados, y otros la incluyen vagamente en el derecho internacional o en resoluciones sobre los pueblos minorizados; por no hablar de quienes afirman que solo podría ponerse en práctica si se contiene en la Constitución de un país. Pero se debería dar un paso más allá de un derecho que se presenta tan flaco porque la autodeterminación se ancla en lo más profundo de la democracia, somos nosotros los realmente soberanos y los que podemos decir cómo y con quién queremos vivir. En el caso antes citado de Canadá, la autodeterminación no estaba en la Constitución, pero tuvieron la honradez de reconocer que la democracia se sitúa por encima de cualquier norma posterior. Poner las leyes por encima de la libre voluntad de los individuos es como poner la carreta delante de los bueyes. Y el colmo se alcanza cuando el Estado se blinda amparándose en una pétrea idea de nación. Es lo que sucede en la Constitución española del 78. En su artículo segundo leemos que la Constitución se fundamenta en la indisoluble unidad de la nación española. Ni Dios sería tan grande. Porque no hay nada indisoluble. Porque no hay hecho que determine la voluntad libre de los humanos. Porque, como ampliaremos en su momento, el concepto de «nación» es oscuro y es el refugio del peor nacionalismo.

De ahí que ese oscuro concepto de «nación» haya dado lugar al oscuro concepto de «nacionalismo». Por eso se habla de nacionalismo benigno, folclórico, excluyente, romántico y tantas acepciones más. Lo que etimológicamente quiere decir cualidad se convierte, con el peor nacionalismo, en la base indestructible del Estado. Por eso podemos dejar de hablar de nacionalismo. A lo sumo, recordar que basar todo en un indestructible Estado es confundir la naturaleza con las costumbres. Es absurdo pensar que el Estado nace como las ramas de un árbol. Es, por el contrario, fruto de las interacciones de los humanos en el mundo de la cultura. Es propio de cierto cerrilismo español pensar que España es un ente nacido, como Atenea, de la cabeza de Zeus. Alejemos ese mito.

Si nos volvemos a la autodeterminación, el problema es el método, cómo se puede llevar a cabo. Y, en este sentido, tal vez sea útil el ejemplo de un divorcio: si dos se separan, no tiene por qué llevarse uno todos los muebles. Sucede lo mismo con la autodeterminación. Esta no debe ser un portazo ni una ruptura violenta. Tiene que haber, antes de nada, una negociación y un consenso para que no haya injusticia en ninguna de las partes. Bien vendría como modelo lo ocurrido en Canadá con Quebec. Stéphane Dion, que fue ministro con el Partido Liberal, promulgó la conocida ley de claridad. En varios puntos de dicha ley se especifican las condiciones de un acuerdo pacífico. Añadamos que el señor Dion no estaba a favor de la autodeterminación, sino del federalismo. Pero nobleza obliga.

Solo remataría lo expuesto diciendo que una confederación podría satisfacer los deseos de los independentistas, que se pierde dignidad cuando se obliga a alguien a estar contigo, que un maximalismo independentista no es de recibo. Y que aquel orden de una república universal, anhelado y sugerido por Kant, ayudaría a resolver los problemas de raíz.

4

Más adelante seguiremos con el curso de acontecimientos en el País Vasco, pues nos atañen a todos y encontraremos hechos relevantes o anécdotas que invitan a elevarlos a la categoría. Pero, entretanto, hemos de continuar con los pasos que, a trompicones, se daban en este voluble país; pasos de índole política, social, cultural, educativa e intelectual. Comencemos por esta última faceta.

Diré, primero, que a mí siempre me han tratado, o al menos nombrado, como intelectual. Y me produce vergüenza porque, como luego se verá, considerarse a sí mismo intelectual es una ridícula vanidad, y aceptarlo de los demás es asumir un título popular, como podría ser el de un chico que piensa; y pensar, mejor o peor, lo hacemos todos. En cierta ocasión me dijo una señora que su marido leía lo que yo escribía. Le pregunté por qué lo hacía y su respuesta fue que porque su marido era un intelectual. Por lo que parece, el intelectual sería aquel que lee mucho o, por lo menos, más que la media.

Voy a exponer ahora qué es lo que se ha entendido en la historia por intelectual, y después haré una clasificación con los tipos de intelectuales que se dan, mirando sobre todo a este país. El concepto de «intelectual» es muy difuso y se usa con mucha libertad en el lenguaje ordinario. Un breve repaso tendría que fijarse en aspectos como los siguientes: los intelectuales por excelencia y padres de ese excelso (dicho con ironía) oficio surgen con *les philosophes*, los escritores ilustrados franceses que rompen el poder eclesial, anuncian a la salvadora razón y son el preludio de la Revolución francesa. Y si hay que citar a algunos, se cita a Voltaire y a Diderot. Ellos dan el pistoletazo de salida, el santo y seña de lo que sería el intelectual: una persona docta y productiva en la república de los saberes, junto con un compromiso firme con la sociedad que, de esa manera, cambiará la historia (obviamente, para bien).

Un segundo episodio en lo que significa el intelectual tiene lugar en el siglo XIX, también en Francia, con el sonado caso Dreyfus: un militar es acusado de traición, recibe una fuerte condena y se desata un furioso antisemitismo. Interviene, con vehemencia, el novelista Émile Zola. Dejando de lado los distintos cambios que van a sucederse en la sociedad francesa, lo que hay que relatar es el compromiso de una persona con prestigio a favor de la justicia de los ciudadanos. Podríamos anotar respecto al tema de la intelectualidad el libro de Noam Chomsky *La responsabilidad de los intelectuales.* Para Chomsky es intelectual todo aquel que ejerce su poder en los asuntos públicos, como por ejemplo los asesores áulicos o consejeros. Antonio Gramsci divide a los intelectuales en orgánicos o técnicos y los implicados directamente en su clase social. Max Weber contrapondrá al intelectual con el político. Y el siempre competente José Ferrater Mora incluirá a los *mandarines* en la legión de los intelectuales. Considero suficiente este breve repaso. Una noción de intelectual que merezca la pena, por tanto, reúne la condición de conocimientos de especial relevancia científica con el compromiso de influir sociopolíticamente en la sociedad que le ha tocado vivir. Quedan excluidos los que sobreactúan, los que son vulgarmente famosos o los charlatanes.

Si volvemos la vista a la España que está a nuestras espaldas, encontramos personas con destacados conocimientos en las artes y las ciencias que se comprometieron en la lucha por crear una sociedad mejor. Ocurre en la Segunda República y podemos mencionar, entre otros, a Unamuno, Ortega o Marañón. Algunos de ellos se desencantaron de aquella república que habían ayudado a poner en pie. Que hubo desmanes que no favorecieron el desarrollo político de los afanes republicanos es un hecho, pero eso no justifica su derrumbamiento conseguido *manu militari.* A la República no la mataron sus defectos, sino los reaccionarios y la represión franquista, algo que conviene volver a recordar hoy.

Entre los intelectuales republicanos me gustaría destacar a José Bergamín, al que siempre he tenido simpatía y he leído con gusto. Gran aforista, prologado por Unamuno en su libro *El cohete y la estrella,* combinó su catolicismo con el comunismo. A él se debe la frase según la cual con los comunistas estaría hasta la muerte, pero después no. Mejor descripción, imposible. Murió en Hondarribia después de pronunciar estas palabras, usando a su arbitrio las evangélicas "Mi mundo no es de este reino". Genial, Bergamín.

Si cambiamos la mirada y nos posamos en el comienzo políticamente democrático y los años que lo siguieron, confieso que no encuentro ningún intelectual; a lo sumo, restos anteriores, como Pedro Laín Entralgo o Joaquín Ruiz-Giménez. Excluyo al anteriormente citado profesor Aranguren, con su ejemplo a favor de una democracia más real. Pero faltan los séniores de otras culturas, los virtuosos prudentes, que decían los escolásticos, los viejos con su sabiduría. Es un despropósito, digámoslo de paso, que se llame «Senado» a algo inoperante, a un cementerio de elefantes. Los que sí han crecido y van en aumento son los pseudointelectuales, algo desgraciadamente normal en un país cada día más mediocre y mesetario, entendiendo por tal lo plano, lo que no tiene relieve, lo que se hunde en lo amorfo.

Por pintar más la variedad de este tipo de intelectuales recurriré a la siguiente clasificación. Están los que gritan en las tertulias y son la voz de su amo. Se los podría bautizar como «esloganistas» porque lo que hacen es repetir el eslogan del partido o grupo del que reciben su sueldo. Si el intelectual de verdad es singular, estos son individuos dispuestos a airear lo que les han mandado. No pocos periodistas, *influencers* o lazarillos semejantes pertenecerían a esta categoría. Están los intelectuales de salón, que llevan dos citas aprendidas de memoria y gesticulan con esmerado pavoneo. Están los intelectuales que en su día llamé «de canapé». Allí donde hay un canapé, allí se presentan a ver si cae algo. Están los que actúan al modo de los betas: son individuos que se muestran graves, un tanto incomprendidos en sus capacidades artísticas y presumiendo de estar de vuelta de todo, y que al final, en el terreno del juego amatorio, suelen acabar cazando algo; y es que siempre hay un roto para un descosido. Y después está la legión de intelectuales por la gracia del malentendido de la fama, grupo este sobre el que volveré más adelante.

Se me preguntará ahora quién soy yo para suspender a tantos que aspiran, con vehemencia, a la categoría de intelectuales. Responderé diciendo que es, claro está, como cada uno tiene la suya; y quien no esté de acuerdo que ponga enfrente sus argumentos. Al comienzo del libro dije que mi experiencia es grande, y lo iré mostrando. Mi visión procede no tanto de lo mucho conocido, sino de mi oficio de filósofo moral. Puedo confundirme, sobre todo, en temas tan complejos como son los que tocan la intrincada vida moral. Yo comprometo mi juicio, y lo doy a conciencia.

La actividad intelectual es una característica de los humanos y se alimenta de la cultura, ese nicho dentro del que habitamos. Se han aportado cientos de definiciones de cultura. Por mi parte, diferenciaré entre cultura general y particular.

En ambas se pone el acento en el conjunto de conocimientos que se posee; de ahí que la persona culta es aquella que, estando en continuo aprendizaje, se abre a todas las ramas del saber. Aunque me centraré en la cultura personal de los españoles, con los que me ha tocado vivir, diré algo sobre esa capa que a todos nos envuelve y que marca la diferencia con la naturaleza. Como es bien sabido, y si hacemos caso a Cicerón, *cultura animi*, la cultura del alma, proviene etimológicamente del cultivo que hacemos en lo que llamamos «agricultura». Inmediatamente destacan dos características: para tener cultura hacen falta herramientas, y eso quiere decir que se necesita educación. Y, unido a ello, la cultura hay que metabolizarla, hacerla nuestra, introducirla en nuestro ser. Por ello, ser culto implica estudio, gimnasia intelectual y buenos maestros. En términos generales, España es un país culto en el ámbito del arte: no hace falta más que ver edificios, monumentos, exposiciones de todo tipo y una herencia literaria que muchos envidiarían.

Para hablar de la cultura de los individuos de este país, una vez encarrilada a su manera la Transición, quiero adelantar algunas notas personales para que se entienda mejor mi juicio al respecto. Me moví por todos los rincones de España, con cientos de conferencias y presentaciones de libros, me estrené en pregones y participé en todo aquello que tenía que ver con las costumbres de este país, en su vertiente de cultura popular. Y participé en muchas tertulias, tanto radiofónicas como televisivas, tema que merece un tratamiento propio y que analizaré más tarde de forma más concreta.

Florecieron las universidades de verano en esta extravagante España. Lo de extravagante no lo digo solo yo, también lo dejó escrito Kant, en una de sus obras de juventud. Se trataba de una original manera de pasar un verano de playa y libro amenizados por alguna respetable voz. Piénsese que por dichas universidades pasaron varios premios nobeles y personajes tan sobresalientes como Kaspárov. Yo dirigí dos cursos y participé en muchos más. Toda universidad que se preciara debía tener su chiringuito; y todo aquel con aspiraciones de ser alguien se sentía discriminado si no era invitado. No dudo de que en estas irónicamente llamadas «vacaciones en el mar» se aprendiera algo, pero creo que eran también un signo de superficialidad, un alimento rápido, una especie de «sea usted culto en una semana».

Hay cierto parecido con lo que ocurría con los premios literarios. Abundaban y se reciclaban. El ganador pasaba a ser miembro de otro tribunal y el carrusel seguía, siempre mediante la amistad y el cobijo político de unos y otros. Y el culmen ya era obtener el Premio Planeta, que te encumbraba a la fama, te procuraba un buen pellizco de dinero y te permitía vender muchos libros. Aquí debo confesar, no sin cierto rubor, que yo también me presenté a ese premio, animado por la inteligente editora Imelda Navajo, con la que mantenía un estrecho contacto, puesto que codirigía con ella la Colección de Ensayo de Temas de Hoy. Presenté una novela titulada *Amor diario* y coseché un rotundo fracaso. Yo mantenía una ingenua esperanza, animado también por Silvia Bustos. Pero me caí de un guindo: me dijeron que mi novela, unos pinitos que me había atrevido a hacer, era mala, una incursión de principiante en un terreno en el que no se puede improvisar. Acabé publicando la novela en otra editorial, con poco éxito de ventas. Y sigo pensando que lo que escribí no era tan malo, pero lo que importa resaltar es que hice de conejillo de Indias. Las cartas estaban echadas y yo me deslicé por donde no debía. Los premios y los novelistas han continuado inasequibles al desaliento. Es un auténtico milagro que se escriba mucho, se publique bastante y se lea tan poco...

Pasando ahora a otro ámbito cultural, recordemos que la etimología de la palabra «tertulia» es incierta, y se la disputan varias lenguas, pero parece que su denominador común es hablar o conversar en grupo. España ha sido un país de tertulias, y tanto en la Primera como en la Segunda República destacaron tertulianos ilustres y reconocidos cafés en donde se reunían, sobre todo, personajes de las artes y las ciencias. Se podría nombrar a Zorrilla, a Cánovas del Castillo o a Pérez Galdós; y participó en dichas tertulias un hombre de ciencia como Santiago Ramón y Cajal.

Las tertulias continuaron hasta que en el franquismo cualquier encuentro era sospechoso de conspiración o de ser lugar de reunión de masones. Las tertulias consistían en encuentros de amigos que charlaban de temas del momento, intercambiaban conocimientos, se divertían y hacían circular chascarrillos. Los chascarrillos o chismes, como decía Crick, uno de los descubridores de la doble hélice del ADN, pueden constituir caminos de aprendizaje y no solo envidiosa malevolencia. Por otro lado, como ya se insinuó anteriormente, si la cultura ha de ser universal, nada mejor que cruzar espadas entre ciencias y letras. Con la democracia renacieron las tertulias, y a alguna habría que saludarla como un soplo de aire fresco, como es el caso de *La clave*, programa de José Luis Balbín. Balbín era un hombre de carácter y que consiguió que personas de ideologías distintas discutieran con educación y provecho. Se conversaba en círculo, argumentando con serenidad y no gritando de bancada a bancada, como ocurriría más tarde. Acudí a tales tertulias una decena de veces y tengo que decir que fue un placer. Pronto el Partido Socialista decapitó *La clave*. Ya empezaba a asomar la cabeza la tijera de lo políticamente correcto. No habría que olvidar tampoco el programa *La tarde*, de Jesús Hermida, espacio al que también fui invitado en diferentes ocasiones y que, he de reconocer, merecía la pena.

Las tertulias continuaron proliferando: tertulia por la mañana, por la tarde y por la noche. Cada vez mayor cantidad y, cada vez, menor calidad. Tertulianos no anecdóticos, de ocasión en razón de algún acontecimiento, sino fijos, entregados a la tarea de hablar. En su mayoría periodistas, en su rol de nuevos intelectuales, despachaban cualquier tema con una facilidad pasmosa. Aunque es innegable que en estos casos siempre destaca algún talento, por desgracia eran el reflejo de un país con un perfil cada vez más bajo, con menos razonamiento serio y casi patológicamente dividido. Efectivamente, porque de la tradicional división entre derecha e izquierda se ha pasado a la dogmática diferencia entre la derecha y la izquierda. Y el tertuliano tiene que defender lo que el jefe, el grupo o el partido le mande: es la obediencia debida. Ha de desaparecer para que brille a favor del señor o los señores. Con uñas y dientes, contra el enemigo prefijado, repetirá el eslogan, mantra o consigna de su equipo. Y no se apeará de ahí aunque los dioses lo sacudan. El grito sustituye al argumento; el desprecio, al silencio. Todo se convierte en ver quién es más hábil en el zasca, en un golpe de ingenio o de exabrupto. Quien más zascas logre, con el aplauso de los suyos, habrá ganado la partida y el sueldo.

Lo dicho es la expresión de un país que se entiende a sí mismo de una manera dislocada, bilateral e incluso esquizoide. Un bloque contra otro sin suelo común. Es la doctrina de Carl Schmidt para andar por casa: construyo mi identidad contra la identidad de otro que se convierte, así, en mi enemigo. Todo lo cual se refleja en un modo falso de situarse políticamente. Se es de derechas porque no se es de izquierdas, y viceversa. Es como decir que yo soy Javier porque no soy Juan, lo que no es cierto, porque podría ser Pedro. O, como decía Nietzsche, «yo no soy bueno porque el otro sea malo». Esta situación va mucho más allá que la crítica al bipartidismo, pues da en la línea de flotación de la democracia misma.

Haré un alto en mi recorrido y me detendré en una figura que, por muchos motivos, ha sido de interés para mí y, más allá de mí, constituye una pieza clave para entender el paso de una dura dictadura a un país que sigue esperando enderezar una democracia real. Se trata de Carmen Díez de Rivera, hija del cuñadísimo de Franco, Ramón Serrano Súñer, y de la aristócrata Sonsoles de Icaza. La vida de Carmen, original y llena de delicados contrastes, ha sido recogida, y con profusión, en libros, películas y reportajes. Merece la pena acercarse a su biografía porque pasó de vivir amores prohibidos a ser una figura de especial relevancia social. Y, como se ha dicho tantas veces, fue la musa de la Transición.

Yo la conocí mucho. Lo primero que tengo que decir es que era bella, inteligente y mujer de carácter; y, por encima de todo, una gran amiga. Yo solo la conocía de referencias, pero me llamó para que apoyara, con otras personas, el referéndum de Andalucía para aprobar su autonomía, consulta que se celebró en 1981. Le hice caso y ahí comenzó nuestra amistad. Repito lo de amistad porque, en una revista de gran tirada de aquellos días, una conocida periodista habló del amor del verano, el de Carmen y el mío. Y eso es del todo falso. Amistad, toda; romance, ninguno. Cuando me quejé a la periodista en cuestión por haber difundido una falsa noticia, me dijo que se lo había contado Paco Umbral. Chismes de la villa y corte. Umbral volvió a repetirlo en alguna otra ocasión, pero me entendí bien con él. Tengo que reconocer que hizo, en un diario de gran tirada, una semblanza mía de esas que remueven la vanidad que todos llevamos dentro. Umbral fue un excelente columnista y una angustiada persona. No olvidaré unas tertulias que compartimos en casa del neurólogo Alberto Portera, otro amigo de aquellos días. Con Carmen solía tomar un *whisky* los domingos en su casa de El Viso. Me habló de los entresijos de Juan Carlos, de Suárez y de otros personajes de aquel candente momento. Aun así, teníamos nuestras desavenencias: ella estaba por el cambio y yo por la ruptura. Por cierto, sigo pensando igual hoy. Tal vez ella oía más de cerca el ruido de sables.

Carmen y yo nos respetábamos. Fue mi anfitriona con personas tan dispares como Boyer o el padre Llanos y, algo que quiero resaltar, con una elegancia que era inherente a su comportamiento. También me ayudó en relación con los peligrosos avisos, cuando no amenazas directísimas, que yo recibía por parte de la extrema derecha: Carmen me tranquilizó al respecto después de consultar a altas instancias.

Me porté muy mal cuando estaba fatalmente enferma y no fui a visitarla, algo que siempre me recriminó mi esposa, Elena. Sirvan estas palabras como muestra de mi gratitud. Fue una gran mujer.

Cualquiera que compare la España franquista con la que empieza a andar con la democracia verá una diferencia evidente: de un país que se vendía como modelo de religiosidad católica se había pasado a un país que destacaba en Europa por su muy baja participación en los mandatos y ritos de la Iglesia. Todo un vuelco externo solo disimulado por las tradicionales y folclóricas procesiones de Semana Santa. España ha sido, desde que comenzó su tambaleante construcción estatal, una sociedad simbólicamente católica. Se atrincheró frente a la reforma protestante y se enquistó en todas las formas religiosas que sirven para lo que es pasar de ser vivo a la cesación. Muy latinos y muy romanos; al menos en las formas, puesto que, si se escarba, aparece pronto el anticlericalismo y la irreligiosidad.

Hablar de religión es harto complicado. Se trata de un hecho universal y de difícil definición. Allí donde existe una cultura encontramos huellas de lo que llamamos «religión». Y sus bordes son tan laxos que, al final, cualquier cosa puede contar como religión. A mí me ha interesado de modo especial la religión como pieza fundamental para entender este mundo. En la universidad, y aunque mi cátedra era de Ética, impartí durante años la asignatura obligatoria de Filosofía de la Religión. He escrito varios libros sobre esta materia y me atrevo a decir que soy uno de los introductores en España de una filosofía de la religión que no es una teología secularizada, sino un estudio de la religión racional e independiente, un estudio de la religión desde la filosofía, al igual que se hace filosofía del arte o de la ciencia, o de cualquier otra rama del saber.

Lo que acabo de decir es de importancia, porque es indudable que España ha estado durante siglos cubierta de catolicismo, que ha impregnado sus costumbres y ha hecho que pocos se escapen de la confesión a última hora, aunque los llevaran a rastras, como al general Riego. Se podría decir que se ha vivido de una teología barata, de bautizos, comuniones y bodas. Pero las creencias son otra cosa. La razón se ha escondido y la magia ha pasado a un primer plano.

Para hacer patente lo que acabo de esbozar, y ver la evolución de la religión en España, me voy a fijar en varias fases. Lo haré desde mis vivencias y su relación con el mundo social y político. Si lo hago colocándome en el centro de la escena no es solo porque este libro es una narración en primera persona, sino también porque mi implicación con la vida religiosa, como enseguida se verá, ha sido más que especial. Creo que es una muy adecuada fotografía.

Como ya dije en páginas anteriores, los años cuarenta y parte de los cincuenta, en los que discurre mi infancia y una pequeña parte de mi juventud, fueron sombríos. Una religiosidad forzada y con un claro sesgo tridentino ocupaba todos los rincones. La Iglesia mandaba. Recuerdo el esfuerzo que tenían que hacer algunas personas que bien sabía yo que no eran creyentes, para hacer solo un vergonzante gesto de genuflexión. Y es que, si no te arrodillabas cuando pasaba la comunión a los enfermos, eras mal visto. A actos de este tipo acompañaba la Banda de Música de Portugalete, dirigida por el excelente músico Luis Fernández, tocando el himno nacional.

En mi casa recibí una esmerada educación religiosa. Mi padre era un ferviente católico con toques jesuíticos. En todo mi ambiente se respiraba un encendido catolicismo. En la escuela se rezaba al comenzar la clase, y uno de los curas de la parroquia nos enseñaba el siempre presente catecismo. Un sacramento clave era la confesión. Los cinco curas de la parroquia, verdaderos funcionarios del altar, se desvelaban confesando nuestros pecados. No olvidemos que todos anidábamos no una mancha, sino una ofensa al mismísimo Dios. La confesión ha funcionado como una eficaz terapia, que deja corto al cuestionable psicoanálisis y más corto aún al psicólogo que, siempre dispuesto a decir banalidades, además cobra. Yo salía tan contento y alegre de la confesión que no me importaba morir atropellado por el tranvía. Dios me había perdonado y estaba limpio; y, lo que era esencial, no iría al infierno eterno, con llamas inextinguibles. El miedo a la condenación infernal y al sexo como lo sucio que nos coloca ante el abismo era el gozne de aquella angustiosa religiosidad.

Yo hice la primera comunión siendo tan niño que no me enteré de casi nada. Solo esperaba que alguna señora me diera algún dinero como premio. Así fue, pues doña Teresa y la señora de Aguirre, dos cristianas sinceras, me dieron una peseta cada una. Rápidamente se las entregué a mi madre, y le vinieron como agua de mayo. En este contexto voy a contar lo que me sucedió en una de aquellas primeras confesiones, algo que he narrado muchas veces pero que considero tan revelador que me permito contarlo de nuevo. Tenía que confesarme, como todos los sábados, pero por más que rebuscaba en mi conciencia no encontraba pecado alguno. Ante esa situación le confesé a don Hilario, un cura diminuto y un poco «chocholo», que había pensado en el culo de Dios. El hombre no supo qué decirme, y sigo sin saber qué explicación merece tal atrevimiento. Tal vez todo se reduzca al morbo que nos rodeaba.

Dada mi crianza, nada tiene de extraño que desde muy chaval quisiera ser cura. Era buen chico y espabilado, por lo que podría, y hasta debería, aspirar al sacerdocio. Así lo veía yo. Ser ingeniero, abogado o tornero te valen para este mundo. Ser sacerdote te daba un visado para alcanzar el cielo. Por otro lado, había aspectos dentro del nacionalcatolicismo que mostraban un rostro más amable. La Iglesia era un manto protector y rezar el rosario en común ofrecía un aire cálido en medio de un mundo hosco. Con algún amigo comencé a tener conversaciones y discusiones que iban rompiendo el dominio del sistema. Quiero citar a José Mari Ramón y a David Fernández Anguiano como buenos eslabones en mi carrera al sacerdocio, además de los Cursillos de Cristiandad, que eran como campanadas en los ilusionados jóvenes.

Además de esto, fui depurando mis ideas en Acción Católica, pequeño refugio nacionalista frente al todopoderoso falangismo. Tenía que ser sacerdote. Estaba en contacto también con los jesuitas, y el padre José Hidalgo de Calcerrada me dio el último empujón. Director Espiritual de la Universidad Laboral de Gijón, Hidalgo tuvo la feliz idea de facilitarme la entrada en la Universidad Pontificia de Comillas. No sería un cura diocesano. Mi destino sería muy alto; pero esto es entrar en otra fase.

5

En los años cincuenta el franquismo da un giro externo e interno. Es una maniobra oportunista que trata de adaptar el régimen a los nuevos tiempos; y, como veremos, esos cambios se notarán en la práctica religiosa. España empieza a acercarse a Occidente y los americanos instalan sus bases militares en nuestro país, mientras que España es admitida en las Naciones Unidas. Es el tiempo de la Guerra Fría. Stalin había muerto en el año cincuenta y tres, y tres años más tarde Kruschev pronuncia su famoso discurso desvelando los crímenes estalinistas. En el interior hay que registrar la llegada de los tecnócratas al Gobierno. La mayor parte de ellos pertenecían al Opus Dei, organización religiosa muy pujante en esos días y con un fuerte componente reaccionario. El capitalismo se asienta. El ascenso de Kruschev no apaga, sin embargo, los tambores de guerra, como se pudo comprobar con la crisis de los misiles en Cuba al comenzar la década de los sesenta.

De nuevo recurriré a mi historia personal para, desde ahí, arrojar luz sobre lo que estaba sucediendo en la conducta de los españoles y, concretamente, en la conducta religiosa. Entré en la Universidad Pontificia de Comillas, en Santander, con dieciséis años. Eran los últimos años de la década de los cincuenta y allí, con selectos jesuitas, me prepararía para el sacerdocio. Cuando puse mi pie en ese baluarte del catolicismo, todos los obispos de España habían estudiado y se habían licenciado en Comillas. En mi libro *Memorias comillenses* narro algunos de los episodios que viví en aquella universidad que el santo marqués de Comillas edificó para alumnos privilegiados. En dicho libro recogí algunas de las perlas más esperpénticas que salieron de la boca de los rancios y vetustos maestros de aquel bendito lugar, pero no sería justo si solo me quedo en lo más premoderno de lo que llamaban La Casona, porque a los jesuitas, compañía preparada para derrotar los desvaríos luteranos, les agradezco la huella que han dejado en mí: la disciplina intelectual, el sano escepticismo, la capacidad de discernir y un humanismo que se nutre de las lenguas clásicas están en su haber. Por no hablar de la enseñanza en el duro madrugar, una ventaja en un país en donde suele ser un martirio levantarse pronto. (Y por tanto no es extraño que eso que, con cursilería, se llama «intimidad» se postergue al fin de semana).

En Comillas estudié a fondo latín, griego y materias dedicadas a la oratoria, aparte de otras asignaturas. La disciplina tenía algo de arcaica, las instalaciones dejaban mucho que desear y los espacios de recreo eran una ocasión para sublimar toda la represión que llevábamos encima. Hice amigos, estudié mucho y esa vida aislada del ruidoso mundo mereció la pena. En verano volvía a mi casa en Portugalete y a gozar con mis fuertes amistades portugalujas. El contraste era grande: Comillas vivía *sub specie aeternitatis*, daba la impresión de que el tiempo se había parado, que el presente no se movía, que todo seguiría siendo igual. En las vacaciones no solo sentía en mi cuerpo el contraste. Se notaba que, aunque levemente, algo se movía. Pero, antes de detallar las características de este leve movimiento, voy a hacer un alto y pintar la figura de un jesuita muy especial.

El padre Nieto era oficialmente santo. Su figura sobrevolaba todas las cabezas, se le señalaba con devoción, se le miraba con admiración y se le reconocía como icono de santidad. El padre Nieto fue un cura salmantino que, después de ejercer algunos años en varias parroquias de su provincia, ingresó, en los años veinte, en la Compañía de Jesús. Pronto lo destinaron como padre espiritual a Comillas, en donde pasó casi todo el resto de su vida. Era pequeño y feo, feísimo, aunque cuentan que tenía una hermana más fea aún. En el pueblo, las malas lenguas lo llamaban «osito peludo». Lo recuerdo cabeceando en el confesionario, aunque decían que no dormía, y tronando con una voz ronca, alzando la mano, mientras decía que estábamos tocando el cielo. Hay frases suyas célebres. Por ejemplo, que un acto de amor de Dios vale más que toda la creación; o que hay que reventarse por Cristo. Su idea era que la mejor manera de llegar al cielo es destrozados, porque así nos parecemos más al Nazareno. He de decir que un silogismo que utilizaba, aunque falaz, lo he utilizado yo también alguna vez, cambiando el contenido. Dice así: o Cristo se confunde o el mundo se confunde; es así que Cristo no se confunde, luego el mundo se confunde. Y tan felices. Me hubiera gustado entrar en su cabeza y ver sus neuronas. Si Nietzsche pedía a los cristianos que se mostraran más salvados, podría volver la vista a este cura. El padre Nieto está en proceso de canonización, y yo creo que la logrará. Los héroes se sacrifican por este mundo; los santos, por el otro. ¿Cuánto de este mundo nos han robado algunos santos?

En el cruce de los años cincuenta a los sesenta, la sociedad española comienza a tener un rostro menos atado al fascismo: la huelga de autobuses en Barcelona inquieta al generalato franquista; el nivel de vida sube y, con él, los todavía tímidos viajes al extranjero; un ligero turismo aparece en la escena; los trabajadores que emigran, sobre todo a Alemania, aportan divisas; los maquis ya son leyenda y los comunistas comienzan a pensar los métodos de la democracia burguesa; la Revolución cubana es un aldabonazo que despierta conciencias...

Pero hay dos aspectos que, dentro de este desperezarse, convendría anotar. Uno tiene que ver con las corrientes culturales que estaban llegando también a España. La Segunda Guerra Mundial había dejado un reguero de dolor y de angustia. El existencialismo, tanto en su versión alemana como en la francesa, acaparaba el pensamiento. Las obras de Sartre tenían que exhibirse entre los que se preciaran de estar al día. No habría que olvidar el dúo que protagonizaron el filósofo y la escritora Simone de Beauvoir. El libro de esta, *El segundo sexo*, publicado a finales de los años cuarenta, marcará decisivamente el feminismo posterior, con una ola que llega hasta hoy. Todo ello hizo que una serie de profesores, y muchos jóvenes, miraran hacia las formas más civilizadas de Europa. Era un dicho que corría entre la gente, según el cual ser moderno pasaba por ser novio de una francesa y hablar bajo y pausado, signo de haber pasado por París. Sartre, además, trató de unir existencialismo con marxismo. Y eso era un alimento para degustar en tiempos en los que ya se iba dejando atrás la caduca rigidez de la posguerra. Todo ello repercutirá en la actividad religiosa de los españoles. Es cierto que la matriz será el catolicismo, y que el luteranismo no rompió nunca la frontera de los Pirineos. La aparición de evangelistas o la irrupción del islamismo, impulsada por la inmigración, tendrá que esperar un tiempo. Un protestante en España era *rara avis*. No había comenzado la desbandada de los curas, aunque alguno colgara la sotana. Pero ya se oteaba el cambio, la misa dominical sumaba desertores y la clásica de las doce también perdió su halo. En definitiva, la práctica cristiana estaba en retroceso.

Otro elemento a tener en cuenta es el renacimiento que empieza a darse en las bases católicas. Se ha solido hablar del despertar de la conciencia cristiana posbélica. Se cita a

Bélgica como el país que empieza a enfrentar la creencia religiosa al socialismo. Y, políticamente, los partidos democratacristianos se asoman al poder o, sencillamente, lo toman, como ocurre en Alemania y, sobre todo, en Italia.

El mundo obrero católico se activa, y un ejemplo es la asociación JOC (Jeunesse Ouvrière Chrétienne), fundada en Bélgica, que reivindica el carácter obrero del cristiano con una interpretación progresista del Evangelio. Hacen su aparición los primeros curas obreros, con la mirada puesta en los franceses. Por supuesto que ya no lucen coronilla, y se da un relativo avance en un noviazgo entre comunistas y católicos que poco más tarde acabará en matrimonio. Se habla con más libertad y se critica más abiertamente a la jerarquía eclesiástica, aunque lo de la libertad habría que matizarlo: en una dictadura existe la libertad interna, que se da en las familias o grupos de amigos; la libertad externa es la pública, y en esa te exponías a detenciones o a multas.

Aunque el divorcio se oficializó casi dos décadas más tarde, el matrimonio tradicional empezó a resquebrajarse, y ya no se pensaba que abandonar el noviazgo o una pareja aparentemente sólida fuera una mala faena de uno de los dos o un naufragio de ambos. Las faldas de las mujeres perdían algún centímetro y las fiestas de chicos y chicas juntos se hacían con normalidad. En este punto no me puedo callar algo que me pasó, que podría emular una película de Berlanga y que es un signo de la época. Estaba yo en la veintena, problematizado y con mucha inquietud, pues mis encontronazos con Comillas dejaban en el aire mi carrera. Un buen amigo de Portugalete se acababa de ordenar sacerdote y cumplía con sus funciones en un pueblo de la provincia de Zaragoza. Me invitó a que pasara unos días con él. Acepté la invitación y, cuando llegué al pueblo, me encontré con que estaba en fiestas. Me recibieron todos muy generosamente y me incorporaron a una típica cuadrilla local. Se celebró un encierro, con plaza de toros rudimentariamente improvisada y una vaquilla, bien maltrecha la pobre. Estando aquel desvalido animal en medio de la plaza, no se me ocurrió mejor idea que saltar al improvisado ruedo y cogerlo por los cuernos. En medio del griterío, pensaba que tenía que lucirme ante el amplio grupo de veraneantas y, al mismo tiempo, demostrar la valentía de uno de Bilbao. Excuso decir la paliza que me dio la vaquilla: no me mató de milagro pero, aunque abatido y destartalado, me convertí en héroe. Por la noche las veraneantas ofrecían un guateque al que acudí como figura principal, tanto que saqué a bailar a la que iba de princesa. Como no tenía ni idea de baile, ni tampoco la habilidad de Cantinflas, me decidí por lo que acostumbra a llamarse «rollo teórico», así que le pregunté si no creía que en la música moderna la forma se come al fondo. Fue mi condena: me miró como a un bicho raro, me apartó de sus brazos y, herido y humillado, me fui a la casa de mi amigo. La estampa que acabo de describir es el signo de un pedante, de la juventud al ritmo de aquellos días, de la crueldad con los animales y una etapa más del folclore popular. Y todo ello en medio de dos curas, el alcalde y yo con cara de novicio.

Era aquel un tiempo en el que se intentaba tomar el pulso a lo nuevo, siendo lo nuevo sumergirse en un cristianismo más combativo y menos encerrado en esquemas con olor a viejo. Algunos libros que conectaban con mis expectativas rezumaban protesta y cierta confusión. Citaré algunos: *Cuerpos y almas*, de Majencio Van der Meersch; *Los santos van al infierno*, de Gilbert Cesbron; y *Diario de un cura rural*, de Georges Bernanos. Como se ve, todos de lengua francesa, y si se leen, se nota ese extraño sentimiento de los que quieren romper con un pasado del que no logran soltarse. No sé si llamarlos conservadores estetas. Las novenas y rosarios se esfumaban y comenzaban a salir a la luz grupos a los que me referiré más adelante.

Más atrás en el tiempo había comenzado en Europa una firme renovación teológica que recibió el nombre de «nueva teología», pronto reprimida por Pío XII y, también, pronto tolerada. Estos teólogos, dominicos y jesuitas, entre los que se podría nombrar a Marie Dominique Chenu, Yves Congar y Henri de Lubac, dieron un giro historicista a la doctrina tomista clásica y se acercaron a los laicos. El libro de Congar *Jalones para una teología del laicado* es representativo de esta tendencia. Al mismo tiempo, en Francia se hace presente el fenómeno de los curas obreros, y también sobre ellos cae el castigo del Vaticano. En este punto conviene hacer una sutil distinción. Se trata de diferenciar entre secularización y secular. La secularización es algo sociológico, una sociedad secularizada se hace más profana, se aleja de lo sagrado y su conducta es fundamentalmente racional. En ese sentido, España avanzaba rápidamente hacia la secularización. Las costumbres se guiaban día a día desligándose de las tradicionales prácticas religiosas. Lo secular, por su parte, atañe a unos principios, es una visión del mundo, teoriza sobre lo que sucede a su alrededor. España andaba con lentitud en el camino de lo secular. Los obispos, y la mayor parte de los teólogos, se mantenían aún dentro de viejas alforjas sagradas, y todavía no había despegado una filosofía de la religión libre de ataduras.

En Comillas conocí a muchos seminaristas o curas latinoamericanos, no pocos de los cuales después serían obispos o sacerdotes en su tierra. Por ejemplo, el mejicano, y tristemente famoso, padre Maciel fundó, durante su estancia comillense, los Legionarios de Cristo (este nada estimable individuo parece que fue más *padre* que Padre… pero ahí siguen sus hijos).

Latinoamérica se abría en el horizonte. Ser destinado a América se llamaba «ir a misiones», y se suponía que revivir el catolicismo en aquellas tierras hermanas era un deber, un necesario apostolado en un momento en que las vocaciones flaqueaban y la grey quedaba desatendida. España, sin embargo, se bastaba y se sobraba de sacerdotes, con los seminarios llenos a rebosar. Pronto se disiparía esta euforia, pero por el momento se seguía, aunque con cierta inercia, dentro del mito de la España cristiana.

En esos años, y como anteriormente indiqué, tuvo lugar la Revolución cubana castrista. Poco después, la crisis de los misiles rusos, que estuvieron a punto de instalarse en Cuba, asustó al mundo. Los tres protagonistas de aquel conflicto (Kennedy, Castro y Kruschev) dibujaron tres opciones a los ojos de todo el mundo: un liberalismo con savia joven, el comunismo con añadidos reformistas y la revolución en estado puro.

La Revolución cubana se vivió en España de forma ambivalente. Por un lado, el despertar de un país, en tantos aspectos cercano, sonaba con música de juventud. Por otro lado, el viejo miedo al comunismo se ponía en guardia. En una comida con familiares saltó una polémica de envergadura: yo, que desde mi estancia en Comillas había celebrado con simpatía el triunfo revolucionario, osé decir que Castro se estaba tragando la revolución. Rehaciendo un Partido Comunista moribundo, se había hecho un traje a su medida. Un partido leninista sin sombra de oposición y una extrema nacionalización de bienes eran el sello de un caudillo. Mis comensales, miembros del Partido Comunista, saltaron como si les hubiera mentado a su madre. No sé lo que pensarán ahora, pero siempre tendrán a mano la doctrina del cambiar de opinión.

En el terreno religioso también se notó el impacto de la revolución castrista. En Comillas, un jesuita cubano de nombre Díaz Mora me tenía al tanto de lo que pasaba en su país. Se alegraba del derrocamiento de la dictadura de Batista, pero le preocupaba que la sucediera otra comunista. Yo, muy joven, me encuadraba también en medio. Otro jesuita me informó de los fusilamientos en La Cabaña bajo la batuta del Che Guevara. Aprovecho para decir que la idea y la imagen de fusilamiento me anonadan; y, cuando se dice que es la mejor forma de matar para ejecutar la cruel pena de muerte, me quedo aún más anonadado. Es la crueldad firme y cara a cara.

No mucho más tarde en el tiempo conocí a dos curas que el régimen castrista había expulsado a España. Me contaron cómo habían confesado a más de doscientas personas que fueron fusiladas en la citada Cabaña. Un juicio rápido los condenaba a muerte; de ahí a los curas, y de estos al pelotón de fusilamiento. El relato con sus macabros detalles era de horror. Desde esta experiencia, aparentemente prometedora, se fue fraguando la idea de un hombre nuevo que recogía el mensaje cristiano de una utopía peligrosamente visionaria. A España llegaban curas expulsados, acusados de falangistas; y de España se volaba con la imaginación a una anhelada realidad, fruto de una liberadora revolución. Desgraciadamente, no iba a ser así. Fusilar es un signo de que malos medios arruinan los fines. Como dato final, y de interés, habría que recordar que Fidel se educó en el Colegio de Belén, de los jesuitas.

El siguiente escalón en mi entrada en un mundo, y que me espabilaría no poco, fue Europa. Yo cantaba en el coro comillense bajo la dirección del padre Prieto. Cantaba como bajo y no lo hacía mal. Mi padre gozaba de un oído fino y en Navidad nos deleitaba tocando la flauta. Además, pertenezco a uno de los pueblos con mayor sensibilidad musical del mundo.

El padre Prieto era un excelente músico, de fama internacional, y dirigía con afectada autoridad el Coro de Comillas. En verano, algunos elegidos recorríamos algunos países europeos, cantando en iglesias o centros cristianos en Francia, Bélgica, Holanda, Alemania e Inglaterra. Nos hospedábamos en las casas que nos acogían caritativamente, ocasión idónea para hablar libremente de lo divino y de lo humano. Tengo que decir que la impresión primera de Europa fue propia del pardillo que llega a una fascinante ciudad. Los hombres se dejaban el pelo largo, las parejas se besaban sin rubor y las autopistas eran un espectáculo que nos llenaba de admiración. En un mal francés, un pésimo inglés y alguna palabra en alemán conseguimos entendernos con nuestros anfitriones. En ocasiones nos ayudaba también el latín. En mi vuelta a España conté mis vivencias y discutí con unos y otros. Todo cambiaba; y la religiosidad también. Ya no me tomé en serio la misa dominical. Téngase en cuenta que habían amenazado con que, si no cumplías ese precepto, cometías un pecado mortal; y un pecado mortal era la puerta a que el condenado ardiera en el infierno por los siglos de los siglos. Sospecho que esto no se lo ha creído nunca nadie. Una vez más, magia, símbolos y costumbres. Pero creencias firmes, no.

Me detendré un momento en mis vueltas a casa en Portugalete. Lo hacía todos los veranos y ahora con las experiencias traídas de Europa. Portugalete tenía una iglesia, la de Santa María, de la que todos presumíamos. Se cuenta que el Greño, un destacado comunista, amenazó con pegar un tiro al primer miliciano que intentara quemar la iglesia. Les dijo que él había sido monaguillo y que no permitía ningún ataque de este tipo. Me lo contó Felichu, el sacristán, que lo vio con sus propios ojos.

La iglesia era una basílica, con uno de los mejores órganos de Euskadi y un bello retablo con la Virgen de Begoña. En esa parroquia mandaba a sus anchas don Ángel Chopitea y Mújica quien, además de párroco, era arcipreste y prelado doméstico de Su Santidad. Nacido en Lequeitio, nunca salió de su boca palabra alguna en euskera, aunque debía de ser vascoparlante. Sobre su postura en la guerra hay división de opiniones, pero la mayoría piensa que su inclinación, siempre disimulada, fue hacia el lado franquista (nada extraño, porque sabía nadar y guardar la ropa con mucho arte). Su feudo era la basílica y su dominio se extendía por todo el pueblo. Autoritario y distante se elevaba, con puño de hierro, por encima de curas y feligreses. Soberbio y jerárquico, su mirada de acero fulminaba a quien osara no obedecerle. Hubiera sido un buen cardenal renacentista.

Si quisiéramos encontrar una contrafigura en el pueblo, esta sería la de Pedro Solanarris, también sacerdote portugalujo. Mi primo Pedro fue modelo de obrero, de pobreza y de solidaridad. Su figura brillaría de modo especial en Euskadi.

He de confesar que don Ángel hizo amago de ayudarme en un par de ocasiones. Este tipo de personas, con el gesto de grandes recomendadores, suelen dar un descanso a su autoritario señorío. Después de reinar en Portugalete, don Ángel Chopitea fue llamado a Bilbao. Le sucedió don Pablo Bengoechea, hombre sencillo y cercano, un rojo para algún facha. Don Ángel llena una época. Lo que vendrá después es el paso de lo premoderno a una tímida modernidad.

Mi cuarto y último año en Comillas fue conflictivo. Yo no me adecuaba a los criterios de disciplina y santidad que se exigían, criterios que, en mi caso, fijaba y vigilaba con ahínco el padre González Quevedo. En algún otro libro he escrito sobre él, y no quiero dar la impresión de que estoy obsesionado con su figura, pero sí creo que merece la pena que dibuje algunos trazos de este personaje, porque creo que reúne todos los requisitos del reaccionario feliz. Sería una especie de insensato que se considera con un pie en el cielo. Para Quevedo todo estaba claro: el cristianismo era la verdad absoluta, sin fisuras, sin lugar a dudas; y la Iglesia era un tren que te llevaba a la salvación eterna. Si uno se sale del carril, recibirá el azote de Dios. Todo funciona a la perfección si se sigue al pie de la letra al conductor del tren.

Obediencia y salvoconducto para el más allá. Por eso había que cumplir el reglamento a rajatabla. El reglamento era la voluntad de Dios; y su divino supervisor, un sujeto contento en este mundo porque soñaba estar en otro. Su odio contra el infiel era total, y tenía sus infieles preferidos, entre los que destacaban Ortega y Unamuno. Se pasó media vida escribiendo al Vaticano para que incluyeran a ambos autores en el *Índice de libros prohibidos*, pues, según este *bendito padre*, esparcían veneno.

Cual si fuera un relato de ciencia ficción marciana contaré cómo el padre Quevedo me anunció que se me cerraban las puertas de Comillas. No sospechaba el pobre el favor que me hizo. Varios chivatos le dijeron no sé cuántas cosas sobre mí. El chivato, uno de los seres más repugnantes que puebla la Tierra, no habla, únicamente escupe; y Quevedo escuchó de tales bocas perlas como que yo había introducido la palabra «fosfatar» con el significado de «copular». Un genio lingüístico yo... Por lo demás, que conté algún chiste verde, que propagaba dudas o que mis razonamientos no cuadraban con la sana doctrina. Lo de los chistes no era del todo falso. Si intentara sintetizar la figura del padre Quevedo, y que Dios me perdone, diría que era un idiota con sotana y con fajín de jesuita.

No quisiera acabar este capítulo, en el que Comillas ha estado en el centro del relato, sin referirme a dos episodios más. Uno tiene que ver con mi bautismo filosófico. El último año, especialmente, fui muy amigo de Andrés Torres Queiruga, persona muy inteligente a quien debo agradecer el rumbo que adoptó mi vida. Yo estaba metido en curiosidades varias y tenía un gran interés por la política. Él me abrió el camino a la filosofía y me insistió, por ejemplo, en que leyera a Ángel Amor Ruibal.

Amor Ruibal, un canónigo gallego, había escrito diez volúmenes con el título de *Los problemas fundamentales de la filosofía y el dogma.* Al principio, la lectura del ilustre canónigo me pareció abstrusa e ininteligible, pero poco a poco me di cuenta de que en aquellas páginas había mucha sustancia y me ofrecían la oportunidad de introducirme en un mundo fascinante. Los libros, dentro de la ortodoxia cristiana, mostraban una amplia cultura y una originalidad nada común. Me enfrasqué en ellos. Pocos lo conocían en España, y me arriesgo a decir que, aparte de Torres Queiruga, solo el mercedario Delgado Varela y Saturnino Casas. ¡Extraño país este que aplaude una banalidad que venga de fuera y desconoce o cancela lo autóctono! Un caso espectacular de tal olvido o ignorancia es lo que ocurre con Francisco Suárez. Este jesuita granadino, sutil como él solo, ha tenido una enorme influencia en el racionalismo moderno, pero no son muchos quienes lo conocen en España.

El otro hecho que me importa relatar de mi paso por Comillas está relacionado con Latinoamérica. En la comunidad seminarística había unas llamadas «secciones tuteladas por el padre espiritual», conformadas por pequeños grupos que se dedicaban a alguna actividad espiritual o pastoral: una podía ser la del Sagrado Corazón y se centraba en la oración; y otra era la de América, que estaba a mi cargo. Su cometido era atender a las necesidades de los americanos. Como en su tiempo hubo que socorrer a los chinitos, ahora los necesitados eran los pobres americanos. Nos reuníamos, nos reíamos mucho e incluso compusimos un himno. Era, sencillamente, una manera de pasar el tiempo. Pero quedó la huella de que América importaba. Mientras tanto, el país continuaba su curso abandonando poco a poco la oscuridad franquista y con la expectativa de ser más europeos.

6

Retomando mis comentarios e ideas acerca de la religiosidad en este país, situaré una segunda fase en Salamanca. Había hecho dos cursos de Filosofía en Comillas y necesitaba otro para obtener la licenciatura. Eso me lo ofrecía la Universidad de Salamanca, y allí me licencié.

Corrían los primeros años de la década de los sesenta. Fueron años correosos, todavía inmersos en la Guerra Fría. El encuentro con Salamanca me impactó: la ciudad, rebosando de estudiantes, es una especie de belleza en miniatura. Yo compaginaba mi estancia en un colegio mayor con las clases en la Pontificia y mis escapadas a la Civil. No quiero pasar por alto que en esta última conocí y traté a una de las almas más limpias imaginables: Marcelino Legido.

Los profesores de la Pontificia eran de diversas ramas religiosas; y los alumnos, seminaristas con algún injerto laico. De los profesores me interesaron, en Filosofía, el bilbaíno Freijó, que nos impartió un espléndido curso sobre Freud, y muy especialmente el padre Vicente Muñoz, mercedario que había estudiado con Quine, y que nos dio un inolvidable curso acerca de Wittgenstein y el *Tractatus*.

Aquí tengo que pararme, porque esto cambió mi vida e hizo que definitivamente me dedicara a la Filosofía. Me metí a fondo en una lectura del *Tractatus* y me alucinó. Inmediatamente escribí un resumen que creo no estaba mal. No sé cuánto lo entendí entonces, pero en siguientes lecturas pienso que saboreé su jugo y me atreví a desafiar al árbol de la ciencia del bien y del mal. No dudo de que los cientos de wittgensteinianos que se han dedicado en vida a hacer pedazos cada una de las palabras del maestro sepan mucho del *Tractatus*, pero suscribo las palabras de un sabio amigo cuando afirma que, probablemente, no pasan de diez las personas que en España lo han entendido a fondo. Por mi parte, solo añado que Wittgenstein me facilitó una estructura mental que ha sido como un talismán. Su concepción de que el lenguaje es la horma del mundo, y que nos muestra lo que se puede decir y lo que no se puede decir, es genial. Y como dato benemérito hay que señalar que Tierno Galván lo tradujo al castellano antes de que se vertiera a otras lenguas, y el hecho de que cometiera algún error no le quita mérito.

Acabada la Filosofía, estudié el primer curso de Teología. De fe no me quedaba prácticamente nada, pero pensaba que estudiar la historia de la Iglesia y entrar en las entrañas de la teología era algo así como barrenar nuestra herencia cultural. Hoy sigo pensando lo mismo. El año que pasé en Teología lo dediqué a leer de todo y a aprender hebreo. De los profesores solo destacaría a don Eugenio, «El Pecue», un canónico pequeñito y de mucha energía que enseñaba Teología Fundamental. La teología fundamental quiere allanar el paso a la fe, eliminar obstáculos a la creencia en lo sobrenatural. Es una apologética a modo de pista para llegar a los dogmas. Se parece a la teología natural, ya que esta estudia los posibles argumentos racionales para llegar a Dios. A dicha teología la ha sucedido la teología filosófica de nuestros días en la que, analíticamente, se tratan los pros y los contras de la creencia religiosa. Añado que mi primer libro, *El lenguaje religioso y la filosofía analítica*, escrito en los años setenta, es la primera publicación en castellano sobre el tema. Respecto al Pecue, un hombre ortodoxo y con chispa, tengo que decir que en una ocasión lo puse en un aprieto del que no pudo salir: había alzado la voz insistiendo en que la cuestión no consistía en afirmar la posibilidad de los dogmas, sino en negar la imposibilidad. Yo también alcé la voz y le dije que era lo mismo.

La Universidad Civil de Salamanca sería el lugar donde se iba a desarrollar mi vida intelectual. A ello me referiré enseguida, pero antes quiero pararme en alguno de los hechos políticos del momento, siempre mirando a su lado religioso. Un par de años más tarde de mi llegada a Salamanca, el régimen franquista ejecutó al comunista Julián Grimau. Un juicio militar fantasma removió la Guerra Civil y lo acusó de rebelión militar permanente: una farsa y un despropósito. Franco y sus secuaces desoyeron peticiones de clemencia como las de Juan XXIII o el canciller Willy Brandt. El ministro francés Giscard d´Estaing, que se encontraba en España, dio un portazo y se volvió a su país. Fraga Iribarne se empleó a fondo para justificar la ejecución de Grimau. Con la democracia, Fraga fue presidente de la Xunta de Galicia. Vivir para ver y recordar para llorar. Es interesante ver cómo las dictaduras usan un tictac para ir ajustando su poder, justo lo que se escenificó con la apertura de Fraga y la injusta muerte de Grimau. Por un lado, se abre la mano; y, por otro, se da un brutal machetazo. Cínica apertura y cerrojazo. El cerrojazo era el aviso a los mineros asturianos en huelga y a las incipientes Comisiones Obreras. Añado que no recuerdo más que leves protestas de la jerarquía cristiana frente al fusilamiento y tortura de Grimau, y bastante indiferencia por parte de la comunidad cristiana. Recordemos que Fraga era un ferviente católico.

Pero, como ya indiqué, en donde más aprendería de filosofía fue en la Universidad Civil. Bajo la tutela del antes citado Marcelino Legido y en la cátedra de Miguel Cruz Hernández, un grupo reducido de aficionados a filosofar nos reuníamos todos los miércoles y discutíamos sobre cuestiones de filosofía. Por otra parte, se invitaba a alguna personalidad del gremio para que nos diera una charla. Por allí pasaron, entre otros, Antonio Tovar, Carlos Moya, Sergio Rábade y José María González Ruiz. También lo hizo el claretiano padre Ortega, al que me referiré más adelante. El ambiente era agradable y se discutía con una amabilidad no exenta de libertad. Había un tufillo católico, pero se traslucía un lento cambio social. Lo vasco empezaba a hacer ruido, el Opus andaba a sus anchas y pronto asomarían la cabeza los llamados «kikos». Una vez más, el conocido fenómeno de que a una incipiente, o incluso rápida, secularización le lo sigue un cierre de filas opuesto. Tal cierre de filas lo componen movimientos fundamentalistas. Es la respuesta fanática a la razón.

Cité al padre Augusto Ortega. Voy a relatar algo que me concierne a mí pero que trasciende el plano subjetivo. En el grupo o seminario dirigido por Marcelino Legido yo tuve dos ponencias. En una hablé sobre el concepto de ser en mi admirado Ángel Amor Ruibal. Mi éxito no fue grande, no sé si porque no me expliqué bien o por tratarse de una de esas ideas filosóficas que se escapan entre los dedos.

En la otra ponencia me apoyé en lo que le había oído al padre Ortega en una conferencia titulada «La persona y el ser». Ortega, una persona encantadora, era muy amigo de Laín Entralgo y de Zubiri, lo que daba agilidad a su fondo escolástico. Voy a exponer lo que yo saqué de su charla y cómo lo armé. Admito que lo que diga puede aburrir a más de uno, pero pido paciencia, porque al final se dará cuenta de que tiene una dimensión práctica, que llega hasta nuestros días.

Me empeñé en decir en mi charla que la persona estaba en el ser. Interpretando con benevolencia lo que quería decir, no era otra cosa sino que hay una diferencia entre el individuo, que es un producto de la naturaleza, y la persona que va construyéndose culturalmente en el tiempo. Esto nos remite a la eterna distinción entre esencia y existencia. Que no se asuste nadie, porque se lo expliqué a mi nieto y le encantó el razonamiento. La esencia de Javier, por ejemplo, es su corporalidad, su concreto organismo con todas sus propiedades. La existencia, sin embargo, no es un atributo más, como el color de su cabello o cualquier otra de sus cualidades. La existencia es un hecho, es la que hace que Javier esté en el mundo y no sea solo una posibilidad. Y la existencia coloca a Javier en el tiempo. De esta manera, Javier dinamiza su cuerpo, lo introduce en la cultura. Javier es el responsable de su identidad personal. Lo biológico ha sido dinamizado y ha sido configurado en su existencia temporal. Me parece que el error de los existencialistas es que exageran la existencia y le dan un poder creativo que no posee. Afirmar que la existencia antecede a la naturaleza, a la esencia, es una exageración insostenible. En esa exageración cayó la compañera de Sartre, Simone de Beauvoir, en su visión feminista, en la que, me temo, siguen cayendo algunas feministas. Si se me pregunta ahora por qué he dado este rodeo que comenzaba por un clérigo, responderé que porque es relevante para conocer lo que nos sucedía. El existencialismo ocupaba buena parte del ambiente intelectual, y en algún sentido sustituía a la religión recibida. El lenguaje había cambiado: ahora las palabras clave eran «absurdo», «suicidio», «muerte», «angustia» o «desesperación».

Cambio de registro para hacer referencia a otros acontecimientos que me sucedieron en Salamanca, con su incidencia en la religión. En el seminario dirigido por Legido conocí a un suizo que pronto se convertiría en uno de los mejores amigos de los que he gozado en mi vida. Se llamaba Rolf Winiker, era de origen judío, muy católico, y había aterrizado en Salamanca para aprender castellano, idioma que acabaría dominando a la perfección. Mi amistad con él se estrechó tanto que también unió a nuestras familias y me permitió conocer Suiza, especialmente la parte alemana, más que cualquier otro país.

Lo primero que llama la atención en Suiza, además de sus bellos paisajes, es la limpieza, el orden, el silencio… Y, si uno se mete en las entrañas de su historia y su política, descubrirá que contiene elementos dignos de ser imitados. Es un buen retrato, sin duda, de una ciudadanía burguesa, aunque eso no sea, desde luego, mi ideal; pero es una confederación, lo que está muy por encima de esos férreos Estados nacionales que se creen descendientes de los dioses. El presidente de la confederación rota de cantón a cantón. Y, sin tener que alinearme con Ernest Renan cuando definía la democracia como referéndum continuo, sí pienso que consultar constantemente al pueblo, al modo suizo, es una buena manera de gobernar. Menos encuestas y más consultas.

A través de Rolf y su familia entré en contacto con judíos, primero, y con católicos, después. Su familia era judía practicante y cristiana, con matices. Con ellos discutí no poco. Y es que mi interés y relación con el mundo hebreo ha sido y es grande. Mi apellido es probablemente hebreo y mis antepasados proceden de la judería de Estella. Poca cosa y un tanto especulativa, pero alentó mi curiosidad. El estudio de la Biblia y de la cultura judía me ha introducido en un mundo que ha ido formando mi horizonte intelectual y hasta vital. En medio del judaísmo se mueven distintas corrientes, unas más ortodoxas y otras más implicadas en las transformaciones sociopolíticas. Dentro de mis opciones políticas me recreo en lo que se puede llamar judaísmo de izquierdas, y ahí se incluyen personajes que van de Marx a Chomsky, pasando por Trotski o Judith Butler. Su actitud utópica es una palanca para dar a la historia un empujón redentor, y judíos como Walter Benjamin, con su teología política, que une marxismo y yahvismo, me siguen pareciendo focos de luz que espabilan nuestra inercia.

Poco más diré del judaísmo. En mi libro *De Dios a la nada* le dediqué un capítulo, y a él me remito. Una auténtica desgracia histórica, con la patología de hacer lo mismo solo que al revés, es lo que ha pasado con el Holocausto y la Nakba. El primero destrozó brutalmente a los judíos; la segunda está destrozando a los palestinos. Detrás del poder, del petróleo y de las armas aparece también la sombra de la religión: Yahvé por un lado, Alá por otro.

El catolicismo de los amigos suizos lo podríamos llamar «el de la buena conciencia». Satisfechos por haber nacido en un lugar privilegiado, eran caritativos con los más desposeídos. Lejos de cualquier extremo, la religión era un visado para no estar mal en este mundo y gozar en el otro. Rolf, con algunos de sus amigos, se reunía con un sacerdote y discutía temas de teología. El sacerdote, de nombre Toni Kadosch, era una persona culta, había estudiado en Roma y tenía cierto prestigio en la diócesis de Solothurn. Mostraban cierta piedad por España. Pero lo curioso es cómo se posicionaban respecto al Vaticano: como hiperbóreos que eran, lo miraban desde arriba; los latinos lo miran desde abajo.

Hans Küng era un teólogo suizo, abierto, y que encantaba a mis amigos. Sus encuentros y desencuentros con el Vaticano fueron constantes. Cuando hable de mi estancia en Roma y Tubinga volveré sobre él. Por medio de Rolf tuve la ocasión de entrevistarme con Hans Urs von Balthasar, uno de los teólogos católicos más influyentes del momento. Con otros dos teólogos, de prestigio similar, había fundado la revista *Communio,* faro de la intelectualidad católica avanzada. Había leído algo de él y me llamaban la atención sus intentos por unir cristianismo y estética. Su libro *La verdad es sinfónica* es todo un símbolo. Esto entronca con esa parte claramente romántica de los alemanes (la frase de Goethe

«Alles ist Gefühl», que se puede traducir por «todo es sentimiento», resume bien este romanticismo, de cuyo encanto no tengo dudas, si bien creo que, si no se le inyecta la necesaria razón ilustrada, puede acabar en pura soberbia egocéntrica. El idealismo es un ejemplo). Von Balthasar me recibió en su despacho y estuvimos hablando (yo con mi macarrónico francés) durante una hora. Me preguntó interesado por España y mostró deseos de que se tradujeran al alemán algunas obras de nuestra cosecha. Al final, me regaló un libro suyo con dedicatoria incluida. Presumí mucho de ello. Von Balthasar, impoluto y con un elegante traje azul, era la imagen de un mundo que, desde luego, no era el mío.

Un último repaso a mi estancia en Salamanca. Yo vivía en el Colegio Mayor Latinoamericano, luego llamado Guadalupe, donde aterricé después de la carambola comillense. La mitad de los colegiales eran latinoamericanos y la otra mitad españoles. Los latinos, una vez licenciados, volvían a sus países y muchos ocuparían altos cargos eclesiásticos. Los españoles tenían una vaga obligación de ejercer su ministerio en uno de esos países hermanos. En este escenario, relataré algo que se sitúa entre la información y el chisme. En mi período salmanticense me entregué al estudio con intensidad, pues tenía mucho tiempo y ganas de saber de todo, lo que me dio cierta fama de *filósofo de guardia.* Cuando llegaban los exámenes, no pocos me pedían que les aclarara sus dudas. Había un venezolano con buena planta, y de origen familiar claramente pudiente, que en alguna ocasión me pidió ayuda en ese sentido. Se llamaba Baltazar Porras y hoy es un flamante cardenal. Cuando le hablé a mi nieto de este ahora cardenal, y antes amigo e improvisado discípulo, se sorprendió. Aquí he de decir que mi nieto es como un espejo en el que me veo, borrando el tiempo. También le conté que, con mis licenciaturas y doctorados en punteras universidades y con prestigiosos profesores, podía haber sido, al menos, cardenal. Me preguntó por qué me había quedado en el camino, a lo que respondí que tendría que haber sido muy cínico para haber seguido por esa senda. Hizo un gesto de no entender.

A aquella Salamanca, estudiantil, bella y recia, llegaban voces del lento, pero constante, despertar antifranquista. La carta de los curas vascos, dirigida a Pablo VI en 1968, suscitaba reacciones varias, que iban del rechazo total al apoyo silencioso. Los ecos de las incipientes organizaciones obreras, siempre tachadas de peligrosos comunistas por el régimen, se colaban por las esquinas. Anotemos el terrible caso de la ejecución de Julián Grimau que la prensa aireaba como un auténtico diablo y que provocaba quejas de los más valientes. En el terreno religioso no había llegado aún la teología de la liberación, y lo que se imponía era el entusiasmo por la liturgia o por la acción pastoral. Lovaina se convirtió en la meca de los pastoralistas; y la teología tomista, en manos de la vieja guardia tomista, en la que destacaba el padre Cuervo, el impedimento a superar. Un despertar aún muy moderado y dentro de un clericalismo que pronto se rompería. El atentado que costó la vida a John F. Kennedy, poco después de la crisis de los misiles en Cuba, fue una inesperada noticia, una sacudida que nos mostraba que estábamos en medio de una posible guerra nuclear.

En el último tramo de este capítulo no quiero pasar por alto mis problemas de conciencia y una figura que deseo resaltar. Empecemos por lo primero: si soy sincero, yo estaba cayendo en lo que Sartre llama de forma crítica «mala fe». Yo le pondría el nombre de «hipocresía». Se trata del fenómeno, siempre rechazable, del autoengaño, que se da cuando uno hace como que no sabe lo que le pasa cuando, en realidad, lo sabe demasiado bien. Es como hacerse trampas en el solitario: una pseudojustificación cobarde para no enfrentarnos con el problema real.

En el fondo, yo sabía que no quería ordenarme de sacerdote. Había perdido casi toda la fe y me veía ridículo en cualquier labor del clero. Lo que me importaba eran la filosofía y el compromiso político, pero me asustaba salir a pecho descubierto al mundo, resistir la presión social, volver a empezar y, quién sabe, ir a la mili. Quede clara, por tanto, mi confesión laica.

A todo esto se añadía una incomprensión que, desde dentro o desde fuera, me ha acompañado toda la vida, y que tiene que ver con lo que para el cristianismo son las verdades eternas: un paraíso sin fin o una tortura. Si se cree de verdad en ello no hay modo de pensar que existe un Dios justo y bondadoso; y, si no se cree, están de sobra los sacrificios, las devociones y las obligaciones. Tengo la impresión de que la mayor parte de los sedicentes católicos ni cree ni no cree, sino que se mantiene en un sentimiento más o menos inefable pero tranquilizador, y una praxis que le hace más llevadera la vida en este siempre amenazante mundo.

Vayamos a lo segundo: el rector del colegio mayor se llamaba don Gaspar Vicente, un salmantino de pura cepa. Me entendió pronto y me ayudó para que continuara los estudios fuera de España. Era un hombre que se movía, sin apartarse un ápice, entre la fe y la iglesia. En sus homilías, un tanto aburridas, siempre acababa las frases con las palabras «fe» e «iglesia». Lo hacía cortando la respiración como si lo que dijera fuera una entrega a un misterio salvador. Era recio, austero, directo y sin cuento; una de esas personas a las que se las puede querer sin llegar a amarlas. Esas personas están en medio sin ser mediocres. Y yo guardo el mejor recuerdo de don Gaspar.

7

De Salamanca a Roma. Es el tercer eslabón anunciado en el recorrido de la religión. Conseguí los permisos pertinentes y, por fin, salí de España. Como tenía buen expediente y buenas recomendaciones, entré por la puerta grande en la Universidad Gregoriana, feudo jesuítico y lugar ideal para escalar en los niveles más altos de la catolicidad. No me detengo mucho en lo que supuso el encuentro con la Roma eterna y pisar aquella universidad que, situada junto a la Fontana de Trevi, rememoraba a la exuberante Anita Ekberg bañándose en ese romántico escenario en la muy impactante película de Fellini *La dolce vita.* De alguna manera comenzaba una vida nueva para mí.

Del colegio íbamos todos los días a la universidad. Empecé a seleccionar aquellas clases que me importaban y, en caso contrario, me encerraba en una librería francesa, bien equipada, a leer filosofía. Los profesores no eran en general gran cosa. Yo hubiera esperado más. Tal vez el más aseado era Joseph Fuchs, que impartía Ética y que disfrutaba de cierto reconocimiento internacional. Pero me voy a detener en dos profesores españoles: Juan Alfaro y José María Díez-Alegría. El primero daba, con mucho entusiasmo, una teología neotomista que hacía las delicias de los estudiantes franceses, unos reaccionarios a los que no se les quitaba de la boca la palabra «comunidad», pues no hay que olvidar que Francia ha sido siempre revolución y reacción. Díez-Alegría representaba una sociología de corte progresista. De vuelta a España, y con el padre Llanos, abanderaron a los católicos cercanos a los partidos de izquierda.

Estudiantes los había de todas partes del mundo, aunque sobresalían, por número, los norteamericanos. Ingenuos y aplicados, estaban sometidos a un férreo control en su colegio, cuyo rector era un obispo. Valga la anécdota que cuento a continuación para explicitar más lo que quiero decir. Un profesor norteamericano, de nombre Van Row, enseñaba Teología Fundamental. Después de escucharle un par de clases, no aparecí más porque carecía de mordiente. Cuando llegó el examen, un compañero vasco, Balenciaga (Balenchi), excelente amigo y del que volveré a hablar más adelante, me propuso que hiciéramos unos apuntes para vendérselos a nuestros colegas, y así sacaríamos algún dinero, que falta nos hacía. Nos pusimos manos a la obra, y a ciclostil, le redacté lo que se me ocurrió. Balenchi los vendió y los compraron todos los americanos. Y, claro, los suspendieron. Vinieron al colegio preguntando por uno alto y delgado, que era yo, y otro gordo, que era Balenchi. Nos escondimos. Ahí acaba la historia. Que juzgue el lector.

Otro aspecto a tener en cuenta es el de la comunicación lingüística. El idioma oficial para las clases y los exámenes era el latín. Por eso, quienes andaban flojos en las lenguas clásicas, lo pasaban mal, y los que habíamos pasado por Comillas, mejor. Pero la lengua franca, que funcionaba como tal, era el italiano. Aun así, los ingleses hablaban en inglés con los norteamericanos y los españoles en castellano con los latinos, lo que daba lugar a una Babel de sonidos y colores.

He hablado de profesores y alumnos, pero la Gregoriana ha lanzado al mundo gente de pensamiento con incidencia histórica. Me limitaré a citar a dos personas a las que conocí personalmente: uno es el ya citado Hans Küng, que estudió seis años largos en la Gregoriana y cuya tesis sobre el teólogo protestante Karl Bart acerca de la justificación lo catapultó a la fama. Hablé con él en Alemania y lo hicimos en modo trilingüe: en alemán, italiano y español. El otro es Anthony Kenny, que permaneció en Roma tantos años como Küng, y al que considero uno de los filósofos más importantes de los últimos decenios. Me reuní varias veces con él en Oxford y me abrió los ojos en no pocos temas. Su libro sobre Wittgenstein, una obra impecable, me lo regaló con una dedicatoria en la que firmaba como Tony. Todo un detalle para un inglés y toda una ocasión para ensanchar mi vanidad.

La vida política y religiosa seguía avanzando en España, tal y como he narrado anteriormente. La universidad dejaba de bostezar, los obreros se organizaban y los curas, en un hecho realmente rompedor, se secularizaban. Yo miraba admirado aquella Roma, toda su huella cultural, la belleza de sus mujeres, el fascinante cine y el vino de Frascati. La movilidad de la sociedad italiana colocaba a Italia a la cabeza de Europa. Los comunistas Longo y Berlinguer, en la senda de Palmiro Togliatti, anunciaban una gran renovación en sus objetivos y estrategias. Yo me reunía con el profesor Lombardo Radice, figura importante en el Partido Comunista, y discutíamos sobre los escritos del joven Marx. Al mismo tiempo, asistí a cuantas reuniones y conferencias pude sobre estos temas: me había abierto al mundo.

En este punto quisiera explicar qué entiendo yo por «estar en el mundo», algo que, para mí, supone una categoría existencial decisiva en nuestra vida. La palabra «mundo» tiene muchas acepciones: desde estar arrojados al mundo, frase de un conocido existencialista, hasta convertirse, con el demonio y la carne, en enemigos del alma. Por otro lado, se puede entender también como conciencia de estar ligados a la tierra, lo propio de una conciencia ecológica. Por no hablar de la consideración del mundo como una parte diminuta del universo en el que habitamos. Yo voy a tomarlo con un significado distinto, partiendo de su etimología. Según esta, «mundo» significa «limpio, ordenado, aseado, opuesto a lo desordenado y caótico». Estar en el mundo es enfrentarse y medirse con la totalidad de lo que existe, formar parte del entramado de las piezas que lo configuran. Es lo opuesto a una indiferencia ignorante. Quien está en el mundo quiere enterarse de lo que ocurre, informarse de lo que sucede. No es el trivial afán de noticias, sino el ser consciente de que todo nos atañe. Si Hegel decía que la oración matinal del filósofo es leer la prensa, yo lo traduciría diciendo que hay que despertarse sabiendo qué es lo que pasa por el ancho mundo. Lo contrario es miedo infantil. Todo ello supone, obviamente, estar en estado de enterado, mirar a un lado y a otro, y discriminar, después, de forma que no perdamos el siempre precioso tiempo y actuemos con prudencia. Si desde la altura de la edad se me permite darles un consejo a los que se asoman, les diría que espabilen, que nieguen pero que no ignoren, que huyan de la confusión y que encuentren su puesto en el mundo.

Antes de acabar este capítulo, me referiré a un hecho que ha marcado a la Iglesia católica en los últimos tiempos. Se trata del Concilio Vaticano II. Comenzó con Juan XXIII a principios de los sesenta y finalizó con Pablo VI a mediados de esa misma década. Al encontrarme en Roma, lo viví en primera persona y además, como ya indiqué, los obispos españoles asistentes al Concilio se hospedaban en el mismo colegio en el que vivía yo. Diré de paso que estos obispos, en general, me parecieron rudos y premodernos, excluyendo solo a tres que, por su porte y atractiva personalidad, me llamaron la atención: Tarancón, Cirarda y Añoveros. Diré también de paso que el de Bilbao, don Pablo Gurpide, se hospedó con unas monjas, una de las cuales era su hermana. Le visité un par de veces y pude constatar que era un prodigio en no enterarse de nada.

El Concilio, formalmente, completaba al Vaticano I del siglo anterior. Yo asistí con lejanía y poco entusiasmo a aquel desfile de cardenales pues, decidido como estaba a hacer filosofía con cuerpo y alma, mi fe era casi un recuerdo y la Iglesia se presentaba con galas de gran señora que escondía poca sustancia bajo sus faldas. El Concilio hizo que vinieran al Vaticano no solo los obispos de todo el mundo, sino también los teólogos más importantes del momento, y generó expectativas de cambio en una considerable parte de la Iglesia que consideraba la tradición como un peso muerto. Los dos objetivos fundamentales se anunciaban como una necesaria adaptación al mundo de nuestros días y un mayor acercamiento a las otras confesiones cristianas. Yo acudí a algunas conferencias de prensa que se ofrecían después de las sesiones. Una de tales sesiones, y en castellano, la daba el sacerdote operario Cipriano Calderón. Este sacerdote, al que traté en el colegio, luego llegó a obispo. Era un buen hombre, que no descansaba ni siquiera de noche de tan dedicado como estaba a enterarse de los chismes del Vaticano.

Las expectativas en el terreno cristiano eran grandes, pero desde perspectivas distintas. Unos pensaban que habría un horizonte de profundo cambio, pero quedaron defraudados. Otros, los más retrógrados, se sintieron incómodos pensando que sería una vía de escape a la herejía. Tampoco quedaron contentos. Y, finalmente, estaban los más remilgados, que pensaban y se alegraban de que nacía un nuevo estilo, pero no eran conscientes de que, como diría Buffon, el estilo es la persona. Y es que, después del Concilio, muchos curas dejaron la sotana, los seminarios se vaciaron y los ritos se secularizaron. Como esta es mi interpretación, quien quiera tener la suya que lea la constitución pastoral *Gadium et spes*.

8

De Roma a Tubinga. Había dejado la bella ciudad del Tíber para ir a la bella ciudad del Neckar. Acabada la teología, me disponía a preparar mi tesis doctoral en Filosofía, y para ello nada mejor que Alemania.

Pero volvamos a mis confesiones laicas. Yo tenía claro que deseaba dedicarme a la filosofía y no ordenarme sacerdote; pero para conseguirlo debía hacer el paripé de que solo era un momento de espera y reflexión. En caso contrario, tendría que hacer la mili y acabar en Sidi Ifni. Además, podía perder la beca, y el dinero que me mandaba mi amigo Rolf no era suficiente. Por todo ello decidí ganar tiempo y no me fue mal; y, entretanto, mejoré mi alemán y me encerré en la biblioteca a estudiar todo el día.

El encuentro con Elena, que narraré enseguida, lo cambiaría todo. Antes diré algo sobre mi vida en Tubinga. Pronto encontré una habitación en donde alojarme. Era la casa de la señora Sauer, una viuda que había perdido a su marido en la guerra, ultracatólica, que me trataba como a un hijo. A veces me invitaba a comer a las cinco de la tarde, con lo que rompía todos mis esquemas sobre el orden de las comidas. No olvidaré que, a los pocos días de pisar Tubinga, asistí a una conferencia sobre patrística, impartida por el teólogo Ratzinger, un teólogo pequeño y con voz de tiple que, años después, sería el papa Benedicto XVI. Rápidamente me hice amigo de otro español que quería preparar también su tesis. Era Paco Sosa Wagner, ahora catedrático de Derecho Constitucional en León. Fue un excelente amigo. Ideológicamente, yo simpatizaba con el anarquismo, mientras que él practicó siempre un moderado socialismo democrático, lo mismo cuando participó en el Gobierno del PSOE que cuando estuvo en Ciudadanos (de este salió a tortas con Rosa Díez). Yo, que seguía con interés lo que sucedía en España, entré en contacto con los estudiantes alemanes de la izquierda del Partido Socialista Alemán.

Desde el punto de vista religioso, abandoné toda práctica al respecto, pero seguía interesado en la teología. En eso no he cambiado, y creo que desconocer su estructura es permanecer en la incultura. También viví con gran interés el Mayo del 68 francés; incluso me manifesté en Berlín contra la guerra americana en Vietnam y, aunque de lejos, conocí al entonces líder Rudi Dutschke.

De los profesores poco hablaré. En general, me decepcionaron. Todavía estaban sumidos en una atmósfera metafísica y bajo un tremendo influjo del existencialismo de Heidegger pero, en todo caso, excluiría a Heinrich Scholz y a Helmut Fahrenbach. También conocí, y me relacioné de manera especial, con el filósofo peruano David Sobrevilla, y a través de él entré en contacto con Ernst Tugendhat, una persona fundamental en mi vida intelectual y a la que volveré más adelante. Así pasaba mis días junto al seminario donde estudiaron Hölderlin, Hegel o Schelling.

Pero todo cambió con la aparición de Elena. Con casi veintisiete años, yo no había conocido a mujer alguna, ni siquiera le había dado la mano. Era el típico célibe, en el caso de que los haya. Si se hurga en la etimología de celibato, podemos encontrar varios significados: puede ser simplemente soltero o persona que sacrifica su sexo por amor a Dios. En este último caso se habla de «casto», y en este sentido su significado es «puro». ¿Por qué yo me había mantenido célibe en alguno de sus significados? No lo sé. Tal vez por mantener una cierta fidelidad a la situación en la que me encontraba. Se discute cuáles han sido sus beneficios para la Iglesia, pero lo que me parece indiscutible es que, psicológicamente, se trata de un juego entre represión y sublimación… y ahí apareció el santo advenimiento: apareció Elena.

Elena era una mujer española, guapa, de veintidós años, universitaria, hija de unos padres católicos de clase media. Me gustó enseguida. Venía con dos amigos, con uno de los cuales mantenía una mínima relación sentimental. Quería salir de España y conocer mundo. Prácticamente había acabado la carrera y su idea era trabajar algún mes en Alemania. Empezamos a hablar, sobre todo de política, y también a vernos todos los días. Y rápidamente nos enamoramos. Su mininovio se enceló, me cogió por banda y me echó el sermón de la montaña. Me advirtió que era una mujer peligrosa y caprichosa, y que no duraríamos dos días. ¡Todo un profeta!, porque hemos estado casados durante cuarenta años, hasta su muerte. Elena representaba un tipo de juventud que empezaba a romper las ataduras con el franquismo. Combinaba un izquierdismo más o menos clásico con un catolicismo progresista. Tenía un altar con dos velas: en una estaba Jesús y en la otra el Che Guevara. Hay que tener en cuenta que en aquellos años, y para algunos, el Che era un santo laico.

Voy a poner el foco ahora en un grupo de seminaristas que vivíamos en el Colegio Español. La mayor parte de los seminaristas, que procedían de las distintas diócesis españolas, volvían a sus respectivas regiones con la licenciatura en la mano. Muchos de ellos pasaron por Roma, pero Roma no pasó por ellos. El grupo en cuestión lo formábamos los vascos. Estábamos atentos a lo que sucedía en Euskadi. Y preocupados, pues la represión era grande y ETA había comenzado su lucha, aunque aún no se había derramado sangre.

Entramos en contacto con laicos italianos que se movían dentro de un catolicismo comprometido con la izquierda. Nació una amistad fuerte con el matrimonio Nino Casino y Donatella Patachi. Nos invitaban a tomar café en su casa y nos entreteníamos con nuestras conspiraciones de salón. Sobresalía entre todos Balenciaga, que llegaría a ser un personaje popular y querido y, para mí, uno de los amigos más admirables. Siempre me sorprenderá que existan personas tan valientes y entregadas; y siempre será un misterio el tipo de creencias que profesan. En este caso, un cóctel en el que queda envuelta la fe en Dios, en una trasformadora revolución y en la independencia de Euskadi. Todo un prodigio. Gente así redime a la humanidad.

Se dio una circunstancia en nuestro país que ayudó a que dicho grupo se estrenara en el activismo político. A finales de los años sesenta el franquismo quiso darse un espaldarazo: le convenía lavarse un poco la cara ante la comunidad internacional, y para ello convocó un referéndum sobre una ley orgánica que funcionaría como una constitución. En realidad era una farsa, una obligada adhesión a Franco. Al modo de las dictaduras, realizó una votación con simulacro democrático y ninguna libertad. Es obvio quién ganó. Y, ante esa situación, Balenchi, Muñagorri, Gorostidi, Múgica y yo decidimos hacer algo, un *algo* que se concretó en redactar un escrito denunciando la mentira que era el referéndum. Lo redactamos con la ayuda del andaluz Manolo Mallofret, abogado y, hoy, estimado sacerdote en su tierra natal. Hicimos una hoja de denuncia de la farsa. En italiano, usamos la palabra *parvenza,* que justo quiere un decir «farsa». Por supuesto, nos juramos guardar en secreto nuestra autoría. Se encargó de regar la universidad con esa hoja o volantín otro laico italiano de nombre Nino Incani. Se produjo un gran revuelo. El rector de la Gregoriana, un aristócrata belga con familia colonialista, convocó a todos en el patio de la universidad y amenazó con castigos si se cazaba a los insolentes. En nuestro colegio, el rector, don Gaspar, tronó también y desafió a que dieran la cara los autores de tal fechoría. De paso digo que don Gaspar era un buen hombre. Se portó muy bien conmigo, aunque al final no dio buenos informes sobre mí. Es lo que tiene parecer buen chico y sacar a la luz luego el rebelde que lleva uno dentro. La Embajada española también se asustó. Nosotros callábamos y disimulábamos ante la mirada sospechosa de tantos ojos. Este fue nuestro bautizo político reivindicativo.

En mi libro *Memorias desvergonzadas* se recoge un claro homenaje a Elena. Ahora solo quiero centrarme en cómo mi fortuito encuentro con ella en Tubinga cambió mi vida. He indicado que la política consumía buena parte de nuestras conversaciones, y me encantaba que ella estuviera tan interesada e informada de lo que sucedía en Euskadi. No es lo habitual. Extrañamente, demasiada gente tiene la imagen de que somos un pueblo que come mucho y levanta piedras. Devorábamos las noticias que venían de España. Ahí comenzó un idilio que duró toda la vida, y que dio un cambio de rumbo a mis planes, poniéndolos patas arriba.

O, mejor, me hizo entrar por la senda del sentido común, percibí que el amor tiene también su dosis de racionalidad. Enseguida me di cuenta de que estaba de más en Alemania, y de que mi puesto estaba con Elena en España. Entretanto, presenté mi tesina de licenciatura para equiparar mi licenciatura pontificia con la española. La hice con el profesor Roberto Saumells y todo salió a pedir de boca. Al mismo tiempo, empecé a otear un horizonte que me posibilitara dar clase en la universidad. Me entrevisté con Carlos París, entrevista que fue decisiva. Nos entendimos muy bien. Con el paso del tiempo, Carlos París sería uno de mis mejores amigos. Entonces era un flamante catedrático de Filosofía llamado a poner en marcha el Departamento de Filosofía de la

Autónoma de Madrid. De sus comienzos católicos progresistas pasó a ser un destacado miembro del Partido Comunista. Hombre íntegro y culto, supo ser un valiente a lo largo de su vida, y fue un ejemplo para muchos. Volviendo a Elena, he de decir que con su belleza y simpatía por la clase obrera se convirtió en la musa de los trabajadores españoles en Alemania.

En aquel momento, muchos españoles habían ido a trabajar a Alemania, país que era el motor económico de Europa. Y, además de los españoles, allí llegaron también italianos, yugoslavos o turcos. Tubinga estaba llena de trabajadores españoles. Había un hogar habitual para ellos, amplio, en el que se podía charlar a gusto e incluso bailar. Un jesuita, Julio Colomer, era el capellán, un hombre afable que había aterrizado en Tubinga para hacer la tesis doctoral sobre Calvino. No sé si acabó la tesis; lo que sí sé es que, después, fue provincial de su orden.

Hay que recordar que Tubinga gozaba entonces de los profesores más prestigiosos de Teología, tanto protestantes como católicos. Los trabajadores (los *Gastarbeiter*, que decían los alemanes) echaban en falta su tierra. Y era normal, porque les faltaba su lengua, su comida y su religión y, además, el alemán era para ellos un idioma casi imposible de aprender. Lo de la comida me lleva a recordar aquella frase de Edgar Morin de que uno es lo que ha comido de pequeño. Lo de la religión merece un comentario mayor. Muchos no eran creyentes en sentido estricto, en el caso de que eso sea una idea clara, pero añoraban el calor de la Iglesia, los rituales, los símbolos y las fiestas que son costumbres religiosas más o menos compartidas. El concepto de religión popular se ha estudiado con detalle y es ambiguo. Incorpora una parte, que tanto gustó a los románticos, con mucho peso tradicional, poco pensada y con tintes excesivamente vulgares; pero tiene otra, con un rostro más amable, que es la del recogimiento, la de la comunidad, la del calor humano. Y esto último se veía en aquella Tubinga tan bella como fría.

Mi vida discurría entre el estudio, la preocupación por el País Vasco, el contacto amigable o de ayuda a los trabajadores, y Elena. Hay que tener en cuenta que estamos casi en vísperas del Juicio de Burgos, que va a condenar a muerte a varios militantes vascos. El contacto con los trabajadores se entrelazaba con otros amigos alemanes. No era un choque de culturas sino, más bien, el ejemplo típico de que una cultura ajena puede ser tanto un punto ciego como una posibilidad para romper la estrechez de la propia.

Respecto a la religión, yo vivía en mi interior un movimiento en dos direcciones. Mi incredulidad respecto a cualquier creencia religiosa era total. Las apuestas intelectuales de las religiones, monoteístas o politeístas, no cabrían en lo que nos permite nuestro cerebro, y la consecuencia sería el agnosticismo. Repárese en que no digo «ateísmo». El ateo asegura saber que no hay Dios (afirmación excesiva, puesto para eso debe saber qué es eso de Dios). El agnóstico se limita a constatar que no sabe nada más allá de lo que existe en el marco del espacio y del tiempo. No dice que no conoce, solo que desconoce. Por otro lado, el conocimiento de la religión como fenómeno universal radicalmente humano me interesó siempre, al igual que la teología, una de las patas de nuestra cultura.

En relación con la religión en España, veía que la creencia empezaba a ser ese árbol que pasa, de dejar caer solo hojas, a ver amenazada la caída de todo su tronco. Dicho de otra manera, no se rechazaba una praxis anquilosada de religión, sino la religión misma. Es muy conocida la frase de Chesterton según la cual, cuando se deja de creer en Dios, se cree en cualquier cosa. Yo la matizaría añadiendo que se puede pasar de un dogma declarado a otros dogmas ignorados. Siendo esta la situación, determinó un hecho que modificaría mi vida. Yo andaba descontento con el ambiente filosófico en lo que atañía a mi tesis, pues quería hacerla sobre Wittgenstein, pero solo era tocado tangencialmente en aquella universidad de atmósfera idealista y teológica. Mi amigo, el peruano David Sobrevilla, me indicó que la persona más adecuada para mi tesis era Ernst Tugendhat, pero había un inconveniente: ejercía como profesor en Heidelberg. Le llamaron por teléfono, le contaron mi historia y accedió a entrevistarse conmigo en Heidelberg. A Tugendhat va dedicado lo que sigue.

Pero, antes de pasar a Tugendhat, haré un alto en mi narración. Voy a hablar de lo que entiendo por «coro». Lo hago en medio de lo que estoy escribiendo, aunque tal vez hubiera sido más correcto haberlo colocado al principio; pero lo hago ahora porque así el querido lector podrá entender mejor todo el conjunto de lo que quiero expresar. Empiezo justificando mi pasión por los coros. Me maravilló siempre ese paso de cantar solos a cantar junto con otros, como si construyéramos una especial y múltiple identidad. Desde mi niñez he pertenecido a algún coro. Me estrené en la iglesia de Portugalete y me coroné en la Schola Cantorum de Comillas, bajo la batuta del padre Prieto. Soy de un pueblo que hace del canto su santo y seña, y que lo remata con los coros. Siempre que puedo cantar, canto; y me encanta, nunca mejor dicho, hacerlo a dúo. Desconfío de la gente que dice saber mucho de música y no es capaz de dar alas al mejor instrumento, que no es otro sino la voz humana. Se han analizado sus múltiples formas, desde el ochote hasta el más sinfónico, que conjuga muchas voces con la orquesta, o cómo se armonizan las voces, desde las llamadas blancas hasta las de los bajos; pero es este un tema que importa al experto en música, valorar la voz como instrumento que suena y elimina el ruido. En otro tipo de interpretaciones se puede preguntar por lo que representa el coro. Para Freud sería la horda primitiva; para otros, una parte fundamental de la tragedia en la que se avisa al héroe de su fatal destino, o como súplicas a los dioses. Pero ¿cómo entiendo yo el coro? Para mí es la expresión de una comunidad, una vivencia compartida y, sobre todo, lo que otorga su último significado a la palabra. Y ese último significado está envuelto en misterio, súplica y gozo. Ahí es en donde sitúo la vida de mi libro.

Tugendhat me esperaba a la salida de una de sus clases. Después de un breve saludo, me invitó a comer en una pizzería situada cerca de la universidad. Me extrañó que un profesor, que iba ganando fama internacional, invitara a un joven desconocido que no tenía a quien encomendarse, detalle que ha permanecido siempre muy grabado en mi recuerdo. Frente a la vanidosa lejanía española, la sencillez de este germano de origen judío. La conversación en la comida fue distendida, se interesó por mis planes y me ofreció su ayuda. Aunque nacido en Brno, hoy Chequia, su cultura era plenamente alemana. Él hablaba, sin embargo, un correcto castellano ya que, no en vano, en su juventud había estudiado en Venezuela. Su familia judía fue una más de las que emigraron ante el huracán nazi. Tugendhat era un hombre relativamente joven, con una carrera fulgurante. Con un doctorado sobre Aristóteles (que mereció el aplauso inmediato), obtuvo su habilitación con sus análisis acerca del concepto de verdad en Husserl y Carnap, y fue llamado al profesorado en la Universidad de Heidelberg, lo que los alemanes llaman un *ruf*. Desde entonces, y hasta poco antes de su muerte, hemos tenido una intensa amistad personal e intelectual. Con Elena he estado en diversas ocasiones en la casa de este en Alemania; y él, igualmente, en la nuestra en España.

Pienso que Tugendhat es el filósofo que más me ha enseñado. No es cuestión de que haga una exposición de su filosofar, pero daré un esbozo de lo que más me ha interesado. En primer lugar, como un compendio que es de distintas maneras de pensar, la filosofía ha de ser algo enciclopédico, algo que se mueve dentro de una cultura universal. En este sentido, unió el saber analítico anglosajón, un modo analítico de asomarse al lenguaje, con un conocimiento más especulativo de corte existencial. Lo empírico y lo humanista, lo concreto y lo abstracto. En segundo lugar, está su sana obsesión por fundamentar las éticas, tarea que intentó durante más de media vida. Por mi parte, considero la ética la pepita de oro de la filosofía, el arte de hacer lo que le dé la gana a cada uno respetando que cada uno haga lo que le dé la gana. La libertad solidaria, el ser artista de uno mismo. Tugendhat, por su parte, distingue entre moral y ética. La moral consistiría en los deberes que libremente consensuamos; la fundamentación, el compromiso mutuo de los que nos implicamos en las normas que nos demos. Y la ética, la vida buena que cada uno desee llevar a cabo.

Parece que ha querido que Kant y Hegel se den la mano. Me cansé de discutir con él este importante tema porque, para mí, la moral no es sino un conjunto de deberes, aquello que no debemos hacer; y la ética es lo bueno que está más allá del deber. Esto último no está tasado, pero pienso que es lo más exquisito de la acción humana libre. Y, en tercer lugar, la cesación, el trauma de la mortalidad. En un giro antropológico posterior, y tal vez influenciado por sus lecturas orientales y la omnipresencia de su antiguo profesor, Heidegger, propuso una original defensa contra la angustia de la desaparición del yo. Propuso la descentralización de dicho ego, la visión de uno como uno más en el mundo, el olvido tranquilizador. A eso lo llamo, con todo derecho, mística natural. Muy de acuerdo.

9

Retrocederé algunos años para completar lo que he venido diciendo y retomar los que anteceden a la Transición y que van a definir tanto mi trayectoria como el curso de este país. Téngase en cuenta que no estoy haciendo una crónica de calendario, sino un relato de novela real, con sus idas y venidas. Por eso quiero recuperar aquellos años que coinciden con mi llegada a Madrid desde Alemania: me caso con Elena, me expulsan de la Autónoma, viajo a Nueva York y, tras obtener la adjuntía y la cátedra, me inserto de lleno en un país que se rebela y bosteza al mismo tiempo y que, como veremos, se afana por vestirse de rosa.

Mi retorno a Madrid tuvo, como dije, varias razones. Una de las más fuertes fue el puesto de ayudante en la Autónoma, que me procuró Carlos París. Él era el jefe de departamento y al que competía proponer a los candidatos que trabajarían después como profesores no numerarios. Una vez más, debo decir que he gozado de mucha suerte en la vida. El Departamento de Filosofía, con Carlos París a la cabeza, se había convertido en el manjar por el que suspiraba mucha gente. Bueno y bonito. Y, sin embargo, mi todavía no amigo Carlos, me entregó uno de esos anhelados puestos.

El departamento con el que me encontré era de gente joven, como joven era la universidad, que se había inaugurado un año antes. Los conocimientos que tenían los miembros del departamento los considero, en general, mayores que la media de otros departamentos de universidades españolas. Pondría por encima a los que se dedicaban, un poco en plan gallito, a filosofía de la ciencia. Y uno de aquellos nuevos compañeros que me pareció superior se llamaba Alfredo Deaño, un buen amigo, buen lógico y culto, que murió muy joven.

Sí advertí una clara deficiencia, una acusada falta de cultura clásica, esencial para filosofar, un conocimiento muy reducido de idiomas y una visión estrecha del ancho campo filosófico. En este sentido, he de confesar que me chocó y me defraudó una universidad tan infantilizada. Frente a la seriedad y el rigor alemán, lo que se hacía más insoportable era la frivolidad, el cuchicheo y el pasar el tiempo en la cafetería. Aquella universidad, que se proponía marcar el paso a un neofranquismo presto a favorecer el rumbo de una manipulada transición, se estrelló enseguida, y con una contestación estudiantil que luchaba por una vida democrática más real.

En los dos primeros años, y como ayudante, di algunas clases de Fundamentos de Filosofía. Lo hacía como suplente, llenando los huecos o ausencias del catedrático. Carlos París era una figura en la filosofía del momento y sus compromisos lo tenían atareado más allá de la universidad. Esta siempre se le quedó corta, lo que dice mucho a su favor. En ese espacio de tiempo me hospedé en el Colegio Mayor César Carlos. Hablaré de ello enseguida. Pero, aunque más adelante lo trataré con detalle, quiero decir ahora que yo hacía muchas cosas al mismo tiempo. Soy una persona enredada: me he metido en todo, y casi nada me ha sido ajeno. Repetiré una y mil veces que he hecho lo que me ha dado la gana. Copiando a Goethe, diría que valoro la libertad por encima de todo. Y, copiándome a mí mismo, digo que prefiero que me maten a que me manden. He sido un político. Pero me explico enseguida: no un político funcionario, cuyo altar es ganar elecciones y seguir anestesiando al pueblo. Me refiero a estar en la ciudad y envuelto en los ciudadanos. De ahí que he estudiado, he escrito, he discutido, me la he jugado, me he comprometido con la sociedad que me ha tocado en suerte, he prestado mi apoyo a todo lo que se me ha puesto delante, he luchado con ingenuo convencimiento por un mundo que sea mucho mejor que este inepto estado de cosas que nos rodea. Y he amado.

El Colegio Mayor César Carlos tuvo origen falangista, aunque luego evolucionó hasta convertirse en un respetable lugar en donde se cruzaban todas las ideologías. Sus habitantes eran opositores natos. Todos sabemos la seguridad y relumbrón que da ser notario, registrador o diplomático. Yo tenía como compañero a uno de esos opositores, más tarde diputado y siempre una buena persona. Al final, y no sé por qué razón, nos echaron a todos del colegio. De esta manera, continué enlazando despidos. Desde Comillas, pasando por la universidad, hasta *El País* o *El Mundo*, me he visto obligado al ejercicio de volver a hacer la maleta. No presumo de ello, pero creo que es un signo de que he andado por el buen camino.

La famosa huelga de los *penenes* se produce algún año más tarde, casi en los estertores del dictador. Me refiero ahora aquí a ella porque sucede cuando me expulsaron de la universidad y antecede a mi estancia de un año en Nueva York, en la Universidad de Columbia. El tiempo en Nueva York fue de un curso académico, y gracias a la beca que obtuve, la Fullbrigt, lo disfruté con mi mujer, Elena, y con mi hijo, Igor. A veces es verdad que no hay mal que por bien no venga. En cuanto a los PNN, se trataba de los profesores no numerarios con contrato simplemente administrativo, docentes con un pie en la calle, pero con mucho trabajo. La huelga de los no numerarios fue larga y masiva, una huelga de reivindicación laboral pero dentro de una contestación a la dictadura. Abundaron las asambleas, se estrenaron líderes y vinieron a darnos alguna charla señaladas figuras de la cultura. Entre estas, me llamó la atención el inefable anarcoide Agustín García Calvo. No olvidaré nunca cómo inició su discurso. Comenzó diciendo que lo que iba a exponer no valía para nada. Rápidamente se levantó una joven y le preguntó: «¿por qué hablar?». Agustín le contestó, lapidariamente, que «por si acaso, porque a lo mejor el Señor no es omnipotente». Excelente defensa de una sabia utopía es que la última palabra no está dicha. La huelga no consiguió muchos de sus objetivos, pues permanece hasta nuestros días una estructura de universidad que se nutre de una bolsa mal pagada. Situada en la base de la pirámide, sus intentos de cambio chocan una y otra vez con los intereses de los de la cima, pero despertó la conciencia de unos estudiantes que pasaron de ser una masa pasiva a actores en el revuelto panorama nacional.

He hablado antes de la expulsión que padecí en la Autónoma, bautizada con la eufemística expresión «rescisión de contrato». Solo quiero añadir que se produjo de una manera cobarde, ya que nunca se atrevieron a decirnos la causa de la expulsión. Cobarde fue también el silencio cómplice de la mayor parte de los otros profesores de la facultad que, escondidos en sus despachos, callaban mientras esperaban su momento de trepar. Y cobarde fue, en general, la conducta de una sociedad que se encogía de hombros, porque no quería líos o por pura ignorancia culpable. Extraño país este, valiente en la guerra y cobarde en la paz. Un poco de equilibrio sería bienvenido.

Por mi parte, viví de la traducción de algunos libros, del trabajo de Elena en un colegio de enseñanza media y de la benevolencia de los jesuitas de Comillas. Repito mi agradecimiento por el ofrecimiento que me hicieron para dar algunas clases. De esta manera salí a flote de la penuria en la que me encontraba, atrincherado con Elena y un bebé en un apartamento alquilado y liliputiense.

Me había casado con Elena en 1970. De Elena hablé en su momento, pero ahora quiero enmarcarla en lo que fue el inicio de una unión que duró hasta su muerte. Nos casamos por la Iglesia y ofició la ceremonia un buen amigo y conocido teólogo, José María González Ruiz. «El Cheuta», como le lo llamábamos los amigos, representó el modelo de un teólogo cercano a todas las corrientes cristianas deseosas de un cambio profundo. La jerarquía y los prisioneros de la tradición lo miraron con miedo o con desdén, y el cardenal Herrera Oria lo tuvo siempre amedrentado. El casarme por la Iglesia me encerró en un difícil dilema: si era fiel a mí mismo, no debería pasar por unos ritos que no me decían nada y, más aún, me molestaban. Pero, si no me sometía a lo que para mí eran unas excesivas concesiones, me enfrentaba a una todavía fuerte presión social, a las muy buenas personas que eran los padres de Elena y a los lloros de esta. Al final, cedí. A la austera ceremonia vinieron los padres de los dos cónyuges y algunos amigos, entre ellos Rolf y Nely. Elena estaba radiante, nunca la había visto tan bella. De viaje de novios nos fuimos unos días a Aranjuez acompañados de la pareja suiza. Como se ve, ni flores, ni blanco, ni viaje al Caribe.

Salí de Madrid para Nueva York justo un día después de que el régimen franquista matara a cinco jóvenes (dos de ETA y tres del FRAP). Al mes de estar en Nueva York, las parcas se llevaron al dictador. Como he dicho anteriormente, me acompañaron Elena e Igor. Nuestra estancia en esa monumental ciudad duró un año académico, gracias a la beca Fullbright, en la Universidad de Columbia. Nueva York impresiona, es una ciudad de ciudades. La Universidad de Columbia posee un prestigio merecido. Allí conocí, entre otros, a filósofos como Arthur C. Danto o Sydney Mogenbesser. Pero lo que me vino de maravilla para mis estudios fue su biblioteca, que pasa por ser una de las mejores del mundo y me surtió de lo que yo deseaba. Encerrado en sus cómodas instalaciones, o llevándome los libros a casa, acabé mi primer libro. Su título es *Lenguaje religioso y filosofía analítica* y fue publicado por la editorial Ariel, una vez que la Fundación March premiara la obra. Pienso que tal vez sea el menos malo de la cuarentena de libros que he escrito, y el primero en castellano que estudia este tema. Trata de analizar el lenguaje que se usa en la religión para referirse a objetos reales o irreales; más concretamente, de extraer el esqueleto de las creencias religiosas de nuestro entorno cultural. Expuse, de manera exhaustiva, lo que había aparecido en los últimos años sobre el tema, con pujanza, dentro de la filosofía de la religión de corte analítico. Recibí buenas críticas fuera de España, pero, entre nosotros, y salvo algún caso aislado, pasó desapercibido. Pensarían que era cosa de curas.

Todos los amigos que hice en Nueva York estaban interesados por lo que sucedía en España. La preocupación tenía su fundamento, puesto que el panorama político era delicado, una mezcla de temor a los sables con expectativas de aire fresco. Entre estos amigos recuerdo con cariño a David Geus, un alemán de origen judío muy volcado en nuestro país y siempre atento a lo que ocurría por aquí. Venían por casa también unos jóvenes de origen judío, muy interesados por España, y dispuestos a ayudarnos. Recordaré que mi relación con los semitas no ha cesado nunca, y que me duele en el corazón que se haya instalado el horror en aquella tierra prometida.

Aparte de Charles Parsons, hijo del famoso sociólogo Talcott Parsons y con quien aprendí mucho de la lógica que sé, voy a enumerar a otras personas que me dejaron su huella en mi estancia neoyorquina. Philip Silver, director del Centro Español de Nueva York, situado a unos metros de la Universidad. Con un perfecto castellano, estaba imbuido de la cultura española, y de su pasión de hispanista pasó a enamorarse del País Vasco, tanto que se casó con una vasca y acabó viviendo en Hondarribia. Buen amigo, mantuvimos un contacto familiar intenso durante muchos años. Un típico americano convertido en vasco universal.

Capítulo especial merecería Mario Salegui, vasco por los cuatro costados, *gudari*, curtido en mil batallas, sabio y de corazón de oro. Su figura está esperando una novela, pero me limitaré a dar algunos apuntes. Mario llegó a Nueva York atravesando no pocos obstáculos, sobrevivió en medio de penurias, pero mantuvo su robusta postura en relación con Euskadi. Sus sueños con un país idílico los contrarrestaba con un sano realismo. Yo aprendí mucho de él, gocé con su amistad y fue todo cariño para Elena e Igor. Excelente cocinero, comer en su casa era un lujo. Su recuerdo es, ahora, un acicate para seguir amando a los que son dignos de ser amados.

Paso a hablar ahora del filósofo catalán José Ferrater Mora, uno de los cultivadores del filosofar con más saber enciclopédico del siglo pasado. Enseñaba en el College Bryn Mawr de Pensilvania y yo lo visitaba algún domingo. Fue un placer pasear y aprender con él. Huyó de España al ser derrotada la República y trabajó como pudo en varios países latinoamericanos. Su equilibrio, su prudencia y su estilo delataban el *seny* catalán. No es extraño que a su filosofía le diera el nombre de «integracionismo». El monumental *Diccionario de filosofía* que a él se debe es tal vez el mejor diccionario del mundo, en esta materia, compuesto por una sola persona. Me encantó su empatía y pausada conversación y pienso que es una referencia fundamental para todo aquel que quiera adentrarse en el arte de Platón.

Por último mencionaré a Noam Chomsky, que enseñaba en Harvard y que me atendió con una larga entrevista. Chomsky revolucionó la lingüística, campo en el que su autoridad es indiscutible. Leí sus libros con la sensación de que descubría, más allá del lenguaje, un mundo apasionante que cubría distintas ciencias. Pero su fama ha cruzado las ciencias empíricas para implicarse en la vida política, donde su voz se aplaude, se discute o se rechaza en todo un torbellino de reacciones. Su anarquismo matizado lo coloca a la izquierda de la izquierda. Cuando hablé con él tratamos temas de lingüística y de política. Agradecí su amabilidad y me pasmó, en concreto, su memoria. Tuve la imborrable sensación de estar ante un genio. Sigo estando de acuerdo con el Chomsky libertario, que no libertariano. Es un modelo que lucha contra un marxismo anquilosado, un socialismo desteñido y un capitalismo triturador.

10

Un mundo rosa desembarcó en este país. Después de la Transición y la movida madrileña, España se vistió de rosa o, como entonó una autorizada voz, se jaleó lo erótico-festivo. Es una larga etapa que traspasa los ochenta, los noventa y el inicio del dos mil, y que todavía colea. Soy testigo de aquella época, que viví de derecha a izquierda, de arriba abajo, y creo que no dejé de visitar, de una u otra manera, todos los rincones de la sociedad. Pero repito que me refiero a la sociedad y no al entramado político, del que no he participado nunca. Por eso, yo no he votado jamás, salvo una vez, y en las elecciones europeas, a Herri Batasuna. Como creo que he sido el único que no asistió nunca a las invitaciones del rey ni acepté tampoco ir a los encuentros que ofrecía Felipe González en la famosa bodeguilla. He estado, como no podía ser de otra manera, en el sistema, pero no con el sistema.

Mi abstención política era activa, se concretaba en el compromiso con todos los movimientos sociales en curso. Añado que no he cambiado; al revés, me he radicalizado en esa actitud, y añado que lo dicho no es para que me pongan una medalla o me la quiten. No hay nada de postureo o presunción. Simplemente son mis principios. Por eso, mi respeto es mínimo hacia aquellos que cambian tan fácilmente. Mi opinión sobre los especialistas en oportunismo flexible, en travestismo interesado, se mueve entre el desprecio o la desconsideración en medio de lo rosa.

Intentaré dar una descripción lo más adecuada posible de aquel momento, un momento en el que un grupo de filósofos jóvenes saltábamos a la arena y agitábamos una vida social de mucha cultura pop. Cito a Trías, Savater, Mosterín o Albiac, entre otros, todos comprometidos con un hacer teórico que quería hacerse carne. Por otro lado, la situación económica mejoraba. Europa estaba a mano y los medios de comunicación de masas se hacían presentes en todas las casas. Si pocos años antes se respiraba el desencanto nostálgico de la vida cotidiana, ahora el remolino social se movía alrededor del buen vivir, de una vida dichosa. No se trataba, como sucedería más tarde, de frívola autoayuda, sino de reflexionar sobre las cosas gozosas que tenemos a mano. De unir universidad y mundo. En mi caso, y como siempre tuve en poca estima a la universidad española, quise conjugar estudio e inserción en la realidad de la gente. Por eso estuve metido en tantos líos y pasatiempos, lleno de contrastes y contradicciones. Es ahí en donde se manifestó con fuerza lo que he llamado la vida rosa: los cotilleos, el exhibicionismo, el *striptease* de la vida privada y un desenfado descarado se colocaron rápidamente en el centro. La mezcla de formas de vida era notable. Daré algún dato que ejemplifique lo que vengo diciendo, a través de una mínima muestra de lo que he vivido y como espejo de lo sucedido. No puede ser de otra manera puesto que, como indiqué, raro es el lugar público en donde no he estado. El relato completo sería imposible por su extensión y porque mi memoria ha borrado muchas de mis intervenciones.

Creo que he visitado todos los platós de las televisiones españolas, tanto de las públicas como de las privadas, y tanto las nacionales como las autonómicas. Lo he hecho en tertulias, entrevistas o cualquier otro tipo de apariciones, hablando de todo: desde la eutanasia, el aborto o la situación política hasta programas que podríamos situar en el extremo opuesto. Por ejemplo, la muerte de *lady* Di o la serie *Aída*. De la breve actuación en esta última me siento contento. He visitado magazines, como los de María Teresa Campos. Podría continuar la lista, pero baste lo dicho. A lo mejor, la excepción es *Barrio Sésamo*. Ha habido momentos tensos o enfrentamientos a cara de perro; y, entre estos, cito los que tuve con el filósofo francés Henry Levi o con Fernando Savater.

Si hablo ahora de las radios, tendría que decir algo similar. Participé en todos aquellos programas relacionados con la vida política y social, y reitero que los temas recorrían todo el espectro de la intrincada vida de este país. Voy a dar algunos de los nombres de los directores de tertulias en los que participaba: Javier Sardá, Luis del Olmo, Julia Otero y Pepa Fernández. Con Pepa estuve muchos años. Tengo un gran recuerdo. Además, me veía con Forges, con Iñigo y con el inolvidable Andrés Aberasturi. En Radio Nacional llegué a tener un programa propio, que no duró mucho tiempo.

Quiero hacer dos comentarios respecto a mi presencia pública ininterrumpida (téngase en cuenta que era catedrático universitario, con las obligaciones correspondientes, y activista político con inclinaciones aberzales). Uno es sobre la envidia; el otro, sobre la fama. Este es un país envidioso, que aborrece la excelencia. Decía Borges que la envidia carece de cualquier otro elemento positivo, porque el envidioso, incapaz de reconocer sus limitaciones, intenta mancillar a aquel que le supera. Obviamente, no digo esto como autodefensa. En absoluto. Lo digo porque muchos de los que criticaban mi presencia en los medios argumentaban no tanto por lo que decía, sino con chascarrillos y falsedades. Sin dar la cara, y por detrás, deseaban denigrar lo que les hubiera encantado ser. Otro tanto se puede decir del celoso. Ambos son presos de su falta de inteligencia. Lo que acabo de decir trajo consigo que entrara en el círculo de los famosos, e incluso llegaron a ponerme, con cierto recochineo, el nombre de *famósofo*. Y empecé a experimentarlo en el día a día. Aparte del gusto que pueda dar que te paren por la calle diciéndote que te admiran, hay otro aspecto de suma utilidad práctica: no haces cola, como los demás, te atienden antes y te tratan con especial amabilidad. En mi caso, el mayor provecho lo tuve en mis viajes en avión atravesando el Atlántico, pues me pasaban de turista a primera, que es como ascender del purgatorio al cielo. Esa fama puede convertirse en enfermedad, entontecer y hacer que se resienta la conciencia propia y se extravíe la de los demás. Escribió Hölderlin que la fama es un malentendido. Yo diría que la fama por la fama es una vulgaridad. La etimología de «fama» proviene del latín, y una buena traducción sería la de «estar en boca de todos».

Estar en boca de todos se convirtió en un deporte nacional, un destape de trivialidades. Y yo estuve en medio. Por qué lo hice o dejé que me lo hicieran me resulta oscuro. Cierto es que la iniciativa para ser parte activa del folclore erótico-festivo nunca partió de mí. Yo no me postulaba, sino que me llamaban; y, si me parecía bien, iba. Alguna razón sí me atrevería a dar de por qué entrar en el juego del famoseo. Ser mediático no solo te catapulta para que te llamen de otros lugares, sino que te da dinero. Yo he estado siempre en la orilla opuesta a la de los gorrones, pero quería que Elena e Igor gozaran de una aceptable vida, y eso lo conseguí con creces. Decía Jesús Ibáñez que el coro de los estrechos no me perdonaría que tuviera ofertas económicas y fuera un izquierdista real. Por otro lado, he practicado todo lo que he podido la idea de que hay que aprovechar cualquier resquicio público para romper los tabúes del poder. No se trata de vocación misionera, sino de llamar a las cosas por su nombre, un principio básico para quien sea de izquierdas no solo de boquilla. Finalmente, la vanidad me acompañó como sombra que se nos pega al cuerpo. No sé si fue poca o mucha, aunque supongo que llevé a cuestas ese defecto tan perdonable, según Hume. Pero el famoso se desliza fácilmente por una pendiente entre ridícula y peligrosa. Ser conocido se convierte en un valor, sea por la causa que sea. Se es conocido no por una gran hazaña, sino (y es un ejemplo entre mil) por haber puesto los cuernos a un famoso. Hay conocimiento, pero no reconocimiento. España se llenó de frivolidades y diversiones completamente planas, y personajes sin fuste se trasformaron en iconos. Sus caras y sus vidas inundaron los hogares. Los padres hablaban de los famosos; los hijos querían ser famosos. Un mundo sin claros ni oscuros. Un mundo rosa.

En ese mundo rosa se fundieron algunas cosas. Había una despreocupación por las tareas más apremiantes y un uso de los medios de comunicación orientado a captar audiencia a cualquier precio. Uno de los resultados consistió en el veloz aumento de la incultura. No repetiré lo que ya he dicho anteriormente sobre la cultura, pero señalo el efecto anticultural que se produce en el mundo rosa y que volverá, por otros medios, con Internet. Se incuba la exaltación del no saber y la idea del éxito rápido, sin mediaciones. Hablo ahora de incultura como aceptación cómoda de la ignorancia y la suplantación de una mirada profunda por la pura superficialidad. Es como si, por decir «porfi», hubiéramos articulado una estupenda frase. Es el dominio del pijo, sin más. Y el pijo, sin saberlo, es lo opuesto al fino.

Nada de lo que vengo diciendo va contra la diversión, el entretenimiento o el ocio. Divertirse no es el vacío de no hacer nada. Por el contrario, es verterse en otras direcciones, huir del aburrimiento. Y el ocio, aparte de las reflexiones de Veblen, se da cuando, lejos de cruzarnos de brazos, gozamos en la conversación con los amigos. Lo cultivaban los romanos *in feriis latinis* o, lo que es lo mismo, en vacaciones. Unido a esto asoma la cabeza el humor. El humor es una de las modalidades de la inteligencia y el chiste. Ahí funciona muy bien este país, en ese aspecto puede sentirse agraciado, porque el chiste es una pica en la rutina, en lo soso, en la mirada que no sabe alzar la cabeza. El chiste descoloca y hace reír y pensar. Sería injusto si afirmo que no había nada salvable en el mundo rosa. Si lo comparamos con los informativos en general, muchas veces sale ganando. Tiene más gracia, miente menos y habla de lo que otros callan.

Hagamos un descanso hablando de la música. Se ha dicho que un mundo sin música sería invivible. Cuesta imaginar un mundo solo de ruidos o de un silencio sepulcral. La armonía de las esferas es el reflejo mítico de la armonía que nos sustenta. Como todo lo profundo, se escapa a la palabra. Para Hoffman, la música llega donde no alcanza el lenguaje. Para Schopenhauer, el lenguaje sin palabras del corazón está también antes del habla. Según Darwin, el lenguaje nació por la imitación que hicieron los hombres del canto de los pájaros. La música se sitúa en la cima de las artes. Nos inunda, nos traspasa, es un susurro que penetra en el alma. Uno desearía convertirse en un Karajan para tener toda la música en la cabeza. Generar música es como una creación divina. El aire se convierte en vida.

En cierta ocasión escuché a una persona muy querida decir que, si Dios existe, es música. De las muchas definiciones que conozco, la considero la mejor tanto en lo que respecta a Dios como a la música. Todavía más: yo diría que lo que podría hacer nacer a Dios es la música. Volviendo a la Tierra, Orfeo amansó a las fieras con el sonido apacible de ese arte que nos embruja. Tanta es su fuerza. Se dirá que existen muchas variedades musicales, y que los gustos son no menos variados. Nietzsche, que siempre quiso ser un gran músico, se vengaba de Wagner diciendo que una zarzuela española valía más que todas las obras del genio de las valkirias. Una exageración, sin duda; pero habría que reconocer que se han compuesto zarzuelas españolas excelentes. Al igual que existe una música popular con gracia, lo que creo que no existe (y es una pena) es una educación musical debida. Lograrla me parece una de las tareas más loables.

Y ahora paso al canto. El mejor instrumento musical es la voz humana. Hay que cantar, poner en orden la garganta, estirarnos con arte. Algunos nos alegramos cuando podemos hacer un dúo, un acompañamiento, y nos frustramos cuando nos encontramos con que nadie de alrededor sabe cantar. Nada extraño que a Ulises lo tuvieran que atar para que no sucumbiese al canto de las sirenas. Saber de música implica saber cantar. Eso lo conocemos muy bien los que hemos nacido en uno de los pueblos con mayor sentido musical: el vasco. Cuando estemos alegres, cantemos; cuando estemos tristes, cantemos. Y si de un coro se trata, la dicha es total. Solo el canto habla de la música; pero solo la música habla en verdad de la música.

11

La España de los noventa pasó de los socialdemócratas a los conservadores. Los escándalos socialistas se pagaron en las urnas. Se pasó de González a Aznar, dos ramas del mismo tronco del capitalismo reinante. Se hizo presente el neoliberalismo, una palabra que muchos usan pero que, si les preguntas, no saben bien lo que dicen. De nuevo el eslogan con zapatos nuevos. Habría que recordarles que un hecho que hace diferente a este liberalismo es el abandono de la economía keynesiana encomendándose a ultras como Milton Friedman o Hayek. Keynes defendía la intervención del Estado en la economía. El neoliberalismo la niega. De esta manera se abre una brecha en el cacareado «estado de bienestar». Pero España vivió una relativa bonanza, y tanto es así que el PP acuñó la frase de que «España va bien». Tendría que llegar la metedura de pata de Aznar con la intervención en la guerra de Irak para que volviera a ganar de nuevo las elecciones el PSOE, en 2004, de la mano de Zapatero, que repitió su triunfo en dos legislaturas. Pero de Zapatero y sus seguidores hablaré más tarde.

Entretanto ETA se iba disolviendo, aunque su disolución tuvo que esperar hasta el año 2011. Respiró el País Vasco y respiró España. También sobre esto volveré más tarde. La vida cultural no solo no despegaba, sino que continuaba cuesta abajo. La universidad seguía en su letargo, la progresía pregonaba su ignorancia y los tertulianos martilleaban tanto la cabeza de la gente que era un milagro que no encontráramos cráneos tirados por la calle. Al final, ruido; mucho ruido.

Ruido es rugir, roncar, ronronear. El ruido es la otra cara del silencio, su enemigo declarado. Es el odio a la música, a la armonía, a la suavidad. España es un país ruidoso, a la cabeza de la competición mundial de quién hace más ruido. No hay lugar en el que uno pueda liberarse del ruido. El ruido ocupa todo el espacio sonoro. Un ejemplo cotidiano y trivial lo encontramos en cualquier cafetería: la televisión está puesta, aunque no la vea nadie; suena a tope una música zafia, que poco tiene de música y que ensordece; el lavaplatos, la cafetera y todo lo que se precie en aturdir tiene su puesto. Y, en medio de este desbarajuste que entra por el oído, se grita. El grito es el deporte nacional. Como hay que gritar para hacerse oír, se eleva más la voz y el grito lucha contra otros gritos. El hablar en voz muy alta, aunque no sea necesario, se ha instalado en la conversación cotidiana. Una comunicación que golpea, no afina, y que carece de elegancia.

Lo ruidoso muestra una gran insensibilidad y exigiría una educación ciudadana tan necesaria como inexistente. Colea otro ruido, tejido de palabras, que pasa desapercibido pero que también atonta. Es como un susurro que quiere erigirse, falsamente, en pensamiento. Se parece a los tópicos y las falacias. Se trata, sin embargo, de incrustaciones en el lenguaje, como puntos y comas que presumen de aclarar lo que se dice. Valga algún ejemplo: me fijaré en el zasca y el troleo. El zasca consiste en un corte que se le da al adversario, haciendo que desaparezca el argumento. Se parece a un golpe bajo y lo que busca es que aquel con el que se discute quede humillado. El zascandil del zasca se pavonea. La política española se nutre de zascas. Un juego infantil que desprecia la inteligencia y se lleva el aplauso de los más tontos.

El troleo es algo similar: se ridiculiza al adversario, es una ocurrencia que provoca risa y desarma al otro. De nuevo hay que decir que se trata de un minipensamiento, un pequeño ruido que disimula la incapacidad de razonar. Se podrían dar más ejemplos, todos girando alrededor de una vida política carente de recursos que merezcan ser admitidos en una sociedad que se pueda mirar en el espejo sin vergüenza. Ruido por arriba y por abajo.

Antes de que volviera de nuevo el PP, mandó el PSOE, con Zapatero como jefe. He de confesar, con mucha sinceridad y el mínimo de respeto que cualquiera se merece, que Zapatero ha sido y es para mí un fenómeno extraño. Cuanto más lo contemplo, más inepto lo veo. Lo que dice son banalidades y lo que hace es humo. Sin embargo, muchos lo estiman, considerándolo la avanzadilla del progresismo.

Es verdad que inaugura un buenismo de rostro afable. Como se han apagado todas las luces de una política fuertemente de izquierda, surge un Estado mitad ONG y mitad Robin Hood, donde el bien se hace y no se mira a quién. El buenista mira a quién porque quiere sacar réditos. No me cabe duda de que en medio del buenismo hay personas de buena voluntad, almas bellas. De la misma forma que, con toda razón, el buenista recuerda que, además de los derechos civiles y económicos, están los sociales; pero esto no hace bueno al buenista. Primero debe combatir al sistema injusto en el que vivimos, lo que implica ir al fondo de una política realmente de izquierdas. En caso contrario, se ponen parches al sistema sin que se le toque un pelo a este. Por otro lado, debería conocer bien la diferencia entre la moral y la ética, porque muchas veces entran en contradicción: la una es universal y la otra particular. Un ejemplo claro de dicha contradicción se pone de manifiesto con la inmigración. Por un lado, una ética universal que incorpore los derechos humanos invitará a aceptar a todo inmigrante que, por las razones que sean, llega a un determinado país; pero, por otro, ese país, por alguna razón, no quiere desaparecer del mapa ante una avalancha de inmigrantes. El problema es real y no un invento o fruto de personas despiadadas, y no se soluciona con consignas. El problema requeriría una reforma radical de las fronteras de este mundo. Pero el buenista va de bueno, y tan feliz. Y una burguesía de medio pelo presumirá de izquierdismo sin que le toquen mucho el bolsillo. Más aún, ante la impotencia de no poder o no querer cambiar lo sustancial, se dedica al reformismo de las costumbres. Y de ahí al puritanismo solo hay un paso. En ese contexto, Zapatero promulgó una norma que legalizaba el matrimonio entre personas del mismo sexo y dio un impulso al feminismo, al que me referiré luego. Vaya por delante que me parece excelente una cosa y otra, pero que eso no justifica el buenismo; y lo que ya me pareció de vergüenza ajena fue el apoyo de artistas y, llamémoslo así, intelectuales a Zapatero, además haciendo el gesto de la ceja. La desteñida socialdemocracia ya tiene quien le escriba.

El feminismo de los años noventa del pasado siglo se desarrolla dentro de lo que se conoce como la cuarta ola, lo que indica que ha habido cambios desde que comenzó a tomar cuerpo con Hiparquía. A lo largo de la historia, sus reivindicaciones han ido mostrando perfiles bien distintos, pero antes de seguir adelante habría que plantearse la pregunta de si un hombre está legitimado para hablar con propiedad de feminismo, palabra que parece que fue Alexandre Dumas el primero que la usó. Dudo de dar una respuesta. Pienso que solo la mujer habla de la mujer y pienso que puede haber un dúo entre mujer y hombre. Respecto a lo primero, la mujer ya ha estado mucho tiempo en silencio y es hora de que hable sin acompañamiento alguno. Además, de manera análoga a que, si alguien se duele de algo, es él quien debe expresarlo y no otro, la mujer se muestra como mujer en primera persona, como ella misma. Así mismo, cuando existen elementos comunes, parece que también la voz masculina puede ofrecer su versión y ayuda. Añadamos que, como se cuentan varios feminismos (lo que implica que mujeres juzgan a mujeres), eso anima a que se escuchen otras opiniones, aunque procedan de otros lugares.

Diré algo, por tanto, al menos a media voz, y lo primero es que el feminismo, como común denominador, es la justa lucha de la mujer contra el machismo, porque es un hecho incontestable que, en nuestra historia, el hombre ha sometido a la mujer. De Aristóteles a Pablo de Tarso, la mujer debe obediencia al hombre. Exigir, en consecuencia, igualdad de derechos, con su correspondiente trato, entre mujeres y hombres es una necesaria tarea teórica y práctica, social y política. Que existan movimientos de hombres contra las mujeres o de mujeres contra las mujeres es, sin más, una aberración. Poco diré de la historia del feminismo o de las diversas corrientes feministas, pues hay suficientes estudios para ilustrarse sobre el tema, pero sí deseo hacer alguna observación que creo conveniente respecto al actual movimiento feminista español, tomado en general.

Primero dos palabras sobre el feminismo filosófico. Destacaría tres feministas filosóficas que me han interesado de forma especial: son Clara Campoamor, Simone de Beauvoir y Martha Nussbaum. Han quitado la roña a tanto filósofo misógino (piénsese en Kant o en Schopenhauer) y han afilado el análisis conceptual para dar armas al feminismo. Respecto a España, sin embargo, tengo una objeción difícil de disipar: se han arrimado a partidos de pseudoizquierda, destiñendo a un feminismo libre del oportunismo, algo que refuerza al poder y reduce la capacidad de cambio real.

En segundo lugar, el feminismo de género sostiene que la mujer es una construcción cultural. Simone de Beauvoir se alzó como su voz cantante tal vez influenciada por su compañero, Sartre, para quien la existencia precede a la esencia. La disputa, en sentido más amplio, se dio entre la sociobiología tipo Edward Wilson y los antinaturalistas tipo Richard Lewontin. Parece que habría que buscar un equilibrio entre el biologismo y el culturalismo. Somos naturaleza y desde ella nos construimos, no partimos de cero.

En tercer lugar, convendría usar con más cuidado la palabra «patriarcado». En griego quiere decir «dominio», y también «origen del padre». El patriarca sería tanto el jefe del grupo, que se impone por su experiencia y sabiduría, como quien engendra hijos. El problema no es que alguien posea autoridad, sino que sea siempre hombre. El debatido matriarcado sería su otra cara. Abraham (y es un ejemplo) es patriarca de los hebreos porque guía y engendra, mientras que el patriarca de los católicos, el papa (y es otro ejemplo) lo es por su inefable autoridad. No estaría de más que no se usara la palabra «patriarcado», surgida de la pluma de Kate Millet, de modo arbitrario. El feminismo es un avance social importante, pero hay que ser prudentes, porque un buen fin con medios inadecuados corrompe el fin y los medios.

En los años noventa y comienzos del dos mil se dio una serie de acontecimientos que quisiera señalar, y en algunos vuelvo a Euskadi. Lejos quedaban ya la muerte de la exjefa de ETA, Yoyes, a manos de un excompañero suyo y delante de su hijo; o el brutal atentado de Hipercor, que fue el aldabonazo a una conciencia que contempla con horror el terrorismo. Como lejos quedaba, también, el Pacto de Ajuria Enea, en donde casi la totalidad de las fuerzas políticas vascas se unen contra ETA, aunque se añade que, si desaparecen las armas, se puede hablar de todo. También deja de existir el terrorismo del GAL. Este grupo, que tiene en algún lugar una equis que nunca quiso despejar Baltasar Garzón, es el típico y repugnante caso de terrorismo de Estado.

El Gobierno de González negoció con ETA su disolución; lo mismo hizo Aznar, con su famosa frase de llamar a ETA «movimiento de liberación»; y, finalmente, ETA se disolvió durante el mandato de Zapatero.

Quiero hacer aquí una serie de comentarios porque yo viví de cerca lo que se agitaba en esos momentos en Euskadi. Me referiré a algunos personajes a los que traté en aquellos días.

Respecto a las tres negociaciones conocidas, diré que en la de Aznar pude conocer a uno de los negociadores españoles. Quedamos un día para comer y me contó cómo fue la conversación con la cúpula de ETA. Parece que se trató de un primer contacto y no se llegó a nada. Como lo bueno, y lo malo, habita en los detalles, le pregunté si se dieron la mano. Me respondió que rotundamente no.

ETA se disolvió en el año 2011, con Zapatero como presidente del Gobierno, y se impuso la tesis de que Zapatero acabó con ETA. Yo tengo mis dudas. Dejando de lado el aislamiento social cada vez mayor, sus absurdas acciones, la labor de la Policía Nacional y la de otros países, y su raquítica organización, otros actores aceleraron su final. Es probable que la conjunción de Josu Ternera, Eguiguren y Otegi fuera clave en la deseada disolución. Pienso que todo ocurrió de manera más azarosa y sin que la mano de la Moncloa fuera tan clara.

Voy a dar un dato que refuerza mis dudas: paseaba por una calle de Madrid cuando una persona me reconoció y me paró. Lo había visto casualmente solo una vez, pero sabía quién era. Se trataba de uno de los dirigentes más activos de Herri Batasuna. Me dijo que tomáramos un vino y charlamos un buen rato. Me comentó que estaban completamente desorientados con la negociación y me preguntó si podía darle algún nombre con el que conectar en serio. Le contesté que poco podía ayudarle y nos despedimos. Me acompañaba mi hermano, que quedó atónito. Yo, aún, sigo atónito.

En este contexto me gustaría contar otro de esos hechos que generan sospechas o se reducen a la banalidad de lo escabrosa que es la pequeña política. Me llamó Pedro Jota, entonces director de *El Mundo*, y me pidió que le consiguiera una entrevista con la cúpula de Herri Batasuna. Me puse en contacto con mi amiga Ikerne Letamendi, quien se encargó del asunto. Nos reunimos en una comida en el Hotel Ercilla, de Bilbao, a la que acudieron varios integrantes de la mesa de dicha coalición aberzale. El encuentro transcurrió con amabilidad y se habló de la situación en relación con el cese de la violencia. Uno de los miembros del grupo, que llevaba la voz cantante, afirmó que ETA estaba dispuesta a mover ficha. Ahí quedó todo. Antes de marchar, Pedro Jota les dijo que el periódico estaba a su disposición. Uno no sabe si a veces hay que decir «vivir para ver» o «ver para vivir».

De los personajes me fijaré primero en Ibarretxe. A través de su siempre atento secretario, y luego amigo, Txus Peña, me invitó a reuniones con gente de la prensa o de la universidad para tomar el pulso al conflicto vasco. Todos procedían de Madrid, rostros conocidos de la semiintelectualidad. Yo los encuadraría en una especie que ha germinado mucho en España, como un juego con tres casillas: en una, comunistas; en otra, socialistas; y en la otra, liberales. Se agita y se obtiene un puesto en los aledaños del poder. A su favor hay que decir que combaten a la derecha cavernícola. Añado que esto, por sí mismo, no da credenciales de izquierda. De dichas reuniones no salió nada que mereciera la pena. En otra ocasión comí a solas con él. Me pareció un hombre valiente y sincero con su pueblo; y el llamado «Plan Ibarretxe», un buen texto en donde se proponía, con tino, la cosoberanía. Vino a defenderlo a Madrid y no le hicieron el menor caso. Por otro lado, salió muy airoso de la pinza reaccionaria que ensamblaron Mayor Oreja y Redondo Terreros.

Quisieron hacerse con la Lehendakaritza y acabaron escaldados. Con Redondo debatí una vez en televisión y tampoco pienso que saliera triunfante. A Arzallus lo conocí más de cerca. Presentó en Bilbao mi libro *Nacionalismo e izquierda* y comí sosegadamente con él en dos ocasiones. Inteligente y culto, tenía una idea clara y muy personal de lo que debería ser Euskadi. No debió de gustarles mucho a los cachorros del PNV. Da la impresión de que le hicieron la cama. Dejo para más adelante comentar el asesinato de Miguel Ángel Blanco y el efímero Pacto de Lizarra. Y paso a hablar ahora de un tema tan particular como universal, que a todos nos atañe: la muerte.

Todos los seres naturales nacen y mueren. Desde la llegada a este mundo, se mueven, se transforman, se inician con fuerza y se disuelven con debilidad. Y es que, si no tiene lugar la eliminación por accidente, los mortales describen una curva desde un punto cero que sube a otro que baja. En los humanos sucede lo mismo, pero la diferencia estriba en que, al ser autoconscientes de ese hecho, no pueden por menos que pensar y sentir la curva en cuestión, y el tiempo se convierte en una guadaña que dará el corte final. No sabemos hasta qué punto otros seres tienen conciencia de su finitud, y por eso nos limitamos a hablar de lo que sabemos: de los humanos.

La mitología y parte de la ciencia no comparten lo anterior. La mitología surge de la imaginación espoleada por los deseos, y por eso podemos contemplarla con la ternura con que se contemplan los juegos infantiles. En la seria actividad científica se dan pasos hacia la prolongación de la vida y algunos, los inmortalistas, sostienen que ya está a nuestro alcance continuar viviendo sin fin. Según el biólogo español Ginés Morata, con la ingeniería genética lograríamos hacer realidad el sueño de la inmortalidad. Por no hablar del transhumanismo, fruto de la inteligencia artificial. Sobre dicho inmortalismo podemos seguir esperando, con escéptica pasión. Y, mientras esperamos, confrontémonos con lo que nos ocurre hoy; y, hoy por hoy, todos morimos.

Ha aparecido, como en el mito del gólem, la palabra clave. «Morir» proviene del latín y significa «cesación». En griego existe la palabra *tanatos*, y significa lo mismo. Es curioso que *tanatos* y «tálamo», habitación nupcial, tengan la misma raíz. La vida y la muerte son dos caras de una misma moneda: se da primero la vida y después la muerte. Porque esta, dijera lo que quisiera Spinoza, vive, valga la paradoja, en la vida. Somos un gris, y no un claroscuro. Siendo esto así, aparece el miedo junto con la angustia ante el trauma que produce la cercanía de la muerte. El miedo se bifurca en el dolor del morirse, que se padece mientras se vive, y el sentimiento de enfrentarse con el rostro frío de la nada.

Para superar la angustia delante del abismo de la desaparición, los humanos pueden usar dos terapias. Una es la religión; la otra, el entrenamiento que lleva a la aceptación de nuestra condición. Esto último era, para Montaigne, la verdadera libertad. Respecto a lo primero, las religiones buscan taponar ese hueco angustioso; y, si quieren ser efectivas y alcanzar un ser realmente salvador, tienen que recurrir a la fe. Es obvio que se debe respetar la opción última de los individuos, siempre y cuando respeten las de los demás. En algunos países, como es el caso de los latinos, y concretamente España, los ritos lo abarcan casi todo. Sin el luteranismo, que todo lo deja en el interior del sujeto, en España manda la procesión, cada día más folclórica y menos religiosa, e invadiendo la calle con el aplauso de los turistas. En cualquier caso, que quien quiera dé ese salto sin pértiga que es la fe, pero que no invada la calle.

En relación con el agnóstico, solo quiero decir que cada uno se las apañe como pueda. Tal vez añadir que un ejercicio que nos otorgaría tranquilidad consistiría en descentrarnos, romper nuestro yo duro y reconocer que somos una parte mínima del universo. Diga lo que diga Unamuno. Volvámonos ahora al miedo mientras vivimos en medio de achaques y frustraciones.

Hay tres formas de morir: una es la natural, en la que el organismo envejece o enferma y los genes dejan de funcionar. La otra se produce cuando un humano mata a otro humano: es el llamado «mal de la culpa», en el que el hombre o la mujer actúan como depredadores y merecen un castigo. La tercera forma se produce cuando un humano se inflige voluntariamente la muerte. En este último caso puede hacerlo solo, y se trata de un suicidio, o pidiendo ayuda a otro, que se la presta, en un acto que llamamos «suicidio asistido» o «eutanasia» en cuanto tal.

Respecto al suicidio, ha estado y está mal visto en nuestra sociedad. No sucede lo mismo en otras culturas. Piénsese que, por ejemplo, la mayor parte de los maestros estoicos, cuando creían que estaban de sobra, abrían la puerta y salían del mundo. Nosotros hemos recibido una fuerte presión del cristianismo y, según su visión, somos un don de Dios y no debemos rechazarlo, lo que nos ha marcado a sangre y fuego. En nuestros días, una psicología positiva continúa salvándonos, o eso dicen, del suicidio. El problema habría que encararlo en la debatida cuestión del sentido de la vida, y la pregunta tendría que ser si merece o no la pena vivir. Nos han traído a este mundo sin nuestro permiso, y desde ahí se nos presenta un panorama lleno de obstáculos y sufrimientos. Con la nada por delante y con la nada por detrás. Poco tiene de extraño que Albert Camus escribiera que el principal problema de la filosofía es el suicidio. Lo correcto sería decir que la vida ni tiene ni no tiene sentido. Esta ahí de modo neutro, y salirse de ella para darle un significado positivo o negativo es un imposible lógico. Lo que sí es posible es que, una vez dentro de ella, le demos nosotros la orientación que podamos y queramos, que le saquemos todo el jugo posible. Es ese el consejo que podemos dar al suicida. O, como le dijo Epicuro a un joven que le habló de sus deseos suicidas, que tuviera imaginación porque podría llegarle un mañana lleno de alegría.

Por otro lado, hay casos y casos. No es lo mismo un padre que ha perdido el trabajo y no puede alimentar a sus hijos que quien tiene de todo pero le aburre este mundo. En el caso del padre, parece que se impone la ayuda. En el caso del aburrido, está en su punto el silencio respetuoso. Frente a lo que acabo de decir siempre se podrá argumentar que al suicida lo desestabiliza algún trastorno psicológico. Pero, al final, la decisión es suya. David Hume escribió un agudo artículo en el que decía que, si el suicida no hacía daño a Dios, a la sociedad o a él mismo, no veía nada reprobable en el acto de suicidarse. Esos condicionales iluminan, aunque queden en el aire.

En el caso de que otras personas ayuden al suicida a quitarse la vida entramos en lo que, desde Bacon y Tomás Moro, recibe el nombre de «eutanasia» o «buena muerte». Hay algunos que, como Jack Kevorkian o Thomas Szasz, defienden que se le pueda aplicar a quien le dé la gana, con toda libertad y sin regulación alguna. Esta opinión radical es minoritaria y, aunque teóricamente a considerar, tengo muchas dudas de su aplicación práctica. Por eso me referiré a la eutanasia dentro del espacio común de la ética.

La eutanasia se ha practicado con normalidad en muchos lugares. En Esparta, los arcontes decidían si el nacido pasaba la prueba para vivir en función de su firmeza o debilidad. Bien es verdad que la formación del guerrero era esencial para los espartanos, y que la muerte del nacido no era voluntaria, pero no hace falta pararse en Esparta para contemplar que otras culturas no se escandalizan ante una muerte voluntaria. Sucede que, si nos quedamos en nuestra cultura, y en España en concreto, tres instancias dificultan practicar una eutanasia correcta, cuidada y sin temores infundados. Una es la enorme e implacable oposición de la Iglesia católica. Lo resume bien una carta pastoral de los obispos españoles titulada «En la vida y en la muerte somos del Señor», y refleja la lógica del Vaticano. Permitir que se toquen el nacimiento y la muerte con mano secular rompe la visión de la vida como creación y, en este sentido, es comprensible el cerrojazo eclesial. Pero en una sociedad laica, que no recibe mensajes extramundanos, no es admisible. Y no se debe imponer al ciudadano. Que la prohibición valga para los creyentes, sin interferencias en los demás.

En segundo lugar están las imágenes que distorsionan completamente lo que realmente es la eutanasia. Muchos la representan como un acto despiadado, a lo Hitler contra pobres indefensos, o como la rapiña familiar contra los abuelos. Ambas concepciones son malintencionadas o falsas. Que haya excesos o excepciones no es argumento válido, pues ocurre en todo y habrá que poner los medios para evitarlo.

En tercera instancia, existe una pseudoargumentación conservadora que mantiene estándares contra el avance de la ciencia y de la razón. Recurren a hipotéticas posibilidades frente a lo claro y conocido; usan el futuro contra el presente; utilizan lo que podría ser contra lo que es; y hacen un perverso uso de la razón a favor del oscurantismo.

La eutanasia se ha ido abriendo paso a través de sociedades, como la Sociedad para la Eutanasia Voluntaria, de Arthur Kloester, y manifiestos en defensa de la eutanasia voluntaria (aunque, en puridad, si no es voluntaria, no es eutanasia). Después de tímidos intentos de promoverla en Australia, Estados Unidos y Colombia, dos Estados europeos, Holanda y Bélgica, se atrevieron a legalizarla. No deja de ser curioso que ambos países sean monarquías y que

Bélgica destaque por su catolicismo, lo que indica que la eutanasia no es patrimonio de la derecha ni de la izquierda. Es de sentido común: los dos países han legalizado la eutanasia con leyes que garantizan que se realice en un tiempo que respete la voluntad del paciente y se castigue cualquier ilegalidad. Antes se preguntó exhaustivamente a la ciudadanía y se formaron comisiones que estudiaron a fondo los posibles problemas. Es de esperar que a esta iniciativa se vayan sumando otros países. Si se pide ahora una definición de «eutanasia voluntaria», basta con decir que la decide libremente la persona en cuestión, la cual está sometida a grandes dolores físicos y psíquicos y no tiene alternativa a su dolencia. Pedir una definición más ajustada es entrar en el juego de las definiciones, y ninguna es de precisión absoluta.

Alguna consideración ulterior sobre la eutanasia me parece oportuna. Quien esto escribe ha padecido, por medio de su querida esposa, la perversión que supone dejar que una persona agonice con cuentagotas. Se la mantiene con vida biológica, que no biográfica, hasta que se extingue. A Elena se la llevó un melanoma, cáncer feroz donde los haya. Pero la eutanasia no era legal, de forma que se prolongó un dolor no solo para ella, sino para todos los que la queríamos. Su caso es un ejemplo de destrucción de los pilares de la cesación voluntaria. Uno es la autonomía de la persona. Somos los titulares de nuestro cuerpo; y, de la misma manera que nadie nos pidió permiso para que viniéramos a este mundo, tampoco tenemos por qué pedírselo a nadie para marcharnos. Otro pilar es que con el sufrimiento no se juega: el sufrimiento es el mal de males, y es una obligación moral eliminarlo por todos los medios a nuestro alcance. Quien coquetea con el dolor es un indigno. Y otro, que se trata de un acto de amor. Se enlazan dos voluntades que se unen con pasiones.

En España se han ido elevando voces en pro de no penalizar la eutanasia, y señalaré en esa tarea a la Asociación Morir Dignamente, cuya labor informativa y didáctica es de agradecer. Al final, y salvando no pocos obstáculos, en 2021 se aprobó la ley orgánica que regula la eutanasia. En mi opinión, se queda corta. Los plazos hasta que se logra son largos y los controles o permisos excesivos, pero es un paso importante. La gente está más madura de lo que parece para aceptar algo que a todos beneficia. En este punto no habría que olvidar a aquellos que han luchado sin descanso en este camino en el que se elimina el dolor inútil, y quiero recordar, de modo especial, al amigo portugalujo Txema Lorente: no ha parado, utilizando su sabiduría, que no es poca, de protestar, proponer e informar para que no se estigmatice un bien. Por mi parte, he escrito libros y artículos, he pronunciado conferencias, he discutido en los platós de televisión y he aprovechado cualquier circunstancia para defender ese fundamental derecho. Al final, me queda la satisfacción de un deber cumplido y la sensación de hartazgo por repetir, una y otra vez, los mismos necesarios argumentos.

12

La bioética es como el lecho de Procusto: se estira por todas partes, aunque no se sabe muy bien cuál es su sitio. Nace en los años setenta y desde entonces han aparecido bioéticos como hongos. Y, cosa curiosa, a pesar de que en la palabra «bioética» se hace presente la ética, se enseña bioética por parte de docentes que no tienen ni idea de ética. Voy a exponer, fuera de los tópicos habituales, qué pienso al respecto, y me olvido un tanto de lo que he escrito en otras ocasiones, en *Principios de bioética laica*, por ejemplo, para dar un repaso más actualizado al tema.

Una bioética concebida como disciplina seria es muy exigente, y es necesaria una amplia cultura. Habría que conocer qué son las teorías morales y cómo se fundamentan, y habría que dar un significado preciso al concepto de «vida». Cierto es que el impulso bioético surge en función de los avances biológicos, hasta no hace mucho inéditos. El descubrimiento de la doble hélice, por parte de Watson y Crick, es un momento decisivo. Habíamos entrado en el santo grial del genoma y quedaba al descubierto nuestra alma material. Más tarde, la clonación de la oveja Dolly demostró que puede darse la reproducción solamente con las células embrionarias, lo que desató todos los horrores en las mentes calenturientas. Y recientemente, con el CRISPR-Cas9, es posible combinar genes de individuos o de especies diferentes, lo que abre la puerta a sustanciales modificaciones ontológicas y de la especie humana. El transhumanismo está servido; y la ética, perturbada.

Pero conviene notar inmediatamente dos hechos que van a influenciar el rumbo de la bioética. Uno es la intervención, desde la primera hora, de teólogos católicos y protestantes; otro, la absorción de la bioética a manos de la medicina. Teólogos, como Karl Rahner o Bernhard Häring, se convirtieron en improvisados bioéticos. No es de extrañar, porque se estaba escarbando en lo que hasta entonces era el campo de la ficción, y se aterrizaba en los dominios religiosos de la vida y de la muerte. No hay que olvidar tampoco que uno de los padres de la bioética, André Hellegers, era católico, y la preocupación eclesial ha hecho que su larga mano llegue hasta comisiones, comités o normas bioéticas. La medicina, por su parte, ha usurpado el monopolio bioético. La bioética médica se ha convertido en un apaño para ir resolviendo los problemas más inmediatos, una especie de jurisprudencia que resuelve, por analogía, todos los casos problemáticos por medio de un sinfín de comités consultivos, que tanto ayudan como disuelven los dilemas que conlleva la salud (para formar parte de esas comisiones no es necesaria una sólida formación, sino que basta con el dedo del amigo). Y, envolviéndolo todo, el mantra de los principios de la bioética los toma como un sostén que se admite dogmáticamente, porque no tendrían que ser solo cuatro y porque, de ser algo, serían principios de la bioética clínica y no de la bioética en cuanto tal. El lecho de Procusto ha continuado cuarteándola: hay bioética del derecho, ecológica, global y de todo lo que se le ocurra a uno añadir. De esta manera, se seguirá hablando de modo superficial y poco científico; así no se construye una bioética enterada de ética. Es necesario saber, además, de neuroderechos. Toda una tarea rodeada de escepticismo.

Voy a aprovechar la bioética para añadir algo que a más de uno le parecerá atrevido. Lo que sucede es que, si hablamos de vida, deberíamos hacerlo en su significado total, y eso nos lleva al sentido de la vida, a si merece la pena vivirla. Sabemos que, en sí misma, la vida no es ni buena ni mala, ni valiosa ni carente de valor. Somos nosotros los que podemos dar sabor a la vida. Si se me pregunta ahora cómo, contestaré que eso es cuestión de cada uno. Pero al igual que, por ejemplo, existen modelos matemáticos, también pueden ofrecerse modelos de vida. Sin ninguna pretensión vana, y con sinceridad, diré qué es lo que da sentido a mi vida y hace que no arroje la toalla. A ello voy.

No afirmaré, tópicamente, que es el amor, porque el único amor incondicional es el natural de la madre. Y es un amor que ayuda y sana heridas. Ahí se queda. El amor de amores, hijo de las emociones, es un regalo de los dioses, pero los dioses son arbitrarios. Sabemos que Cupido lanza flechas envenenadas. Por eso no lo cuento entre las razones para seguir viviendo. Son estas otras: soy un anarquista de espíritu, como diría Unamuno, y eso me lleva a la desobediencia de todo lo que implique imposición; y, en consecuencia, a hacer lo que me da la gana. Es la primera felicidad. Además, soy un escéptico apasionado, que diría Bertrand Russell. Huyo del dogmatismo, pero me encanta aprender desde la duda. Es otra felicidad. Soy un agnóstico religioso y político, lo que me lleva a no creer en casi nada, pero gozo con el compromiso. Un compromiso que me conduce a moverme, evitando la cobardía a favor de los abandonados por la fortuna. Es otra felicidad. Me río de la estupidez humana. Es como estar en un circo absurdo en donde la pista se usa para hacer el ridículo. Como no hay tonto bueno, que diría el clásico, aumento mi felicidad denunciando en toda ocasión la estupidez. Dejo para el final la amistad. Coincido con Aristóteles en que es el bien supremo. Una conversación con un buen amigo, o con mi hijo y mi nieto, no tiene precio. Con este catálogo he dado mi remate a la bioética.

13

Escribí antes que todavía me quedaba una coda para hablar de Euskadi. Soy consciente de que a mucha gente le podría hartar que se dedique tanto tiempo a hablar de unos cuando somos tantos. Lo siento, pero en ocasiones, hablando de unos, se habla de muchos. Por eso me voy a referir al asesinato de Miguel Ángel Blanco, al final de los años noventa, y al efímero Pacto de Lizarra, que lo siguió en el tiempo.

ETA ya había matado a políticos, del rango que fueran, en su absurdo deseo de socializar el sufrimiento. Pero con Miguel Ángel se dio una fuerte conmoción estatal y la escenificación del horror y del sinsentido. Hay situaciones en las que la indignación explota, en las que no caben ya viejas disculpas o permanecer indiferentes. En estos casos, la intención del ejecutor armado se transforma en un bumerán. La acción se vuelve en contra, y aquello que pensaba que era fuerza se muestra como real debilidad. Entre los muchos que piensan así me encuentro yo. El inicio de ETA nos animó. Era una combinación de protesta contra el franquismo y de joven actitud visionaria. Lo visionario estaba de moda en una izquierda combativa y anticapitalista. El Che Guevara era el héroe que ilusionaba. En ese contexto, veíamos con simpatía a aquellos jóvenes que se deshacían de la inercia nacionalista y que se arriesgaban. Cuando ETA empezó a matar, la conciencia se resquebrajó. Por un lado, compartía los objetivos de autodeterminación y defensa de un pueblo vasco en libertad. Pero, por otro, chocaba con una ética que no solo rechaza el matar, sino que cualquier medio valga para conseguir el fin. Más tarde se evidenció que la idea de lucha armada había sido arrinconada a favor de causar terror. La conciencia se sentía triste y abrumada. Condena a ETA, pero no se suma a otros que lo hacían pero que unían a esa condena su rechazo de la autodeterminación. La conciencia se sentía incomprendida. Si defendía la autodeterminación, la llamaban etarra. No era así porque distinguía las dos cosas. La conciencia madura abandonó la zozobra, pero tuvo claro que no iba a satisfacer a unos ni a otros. Es el destino de la verdad. Se había pasado de la aceptación a la duda, al rechazo, a la incomprensión y a la satisfacción. Poco tiempo después se puso en pie el Pacto de Lizarra. La primera vez que se unían las fuerzas aberzales, las más moderadas y las más radicales. Todo un hilo de esperanza que se rompió enseguida. Y es que, detrás de todo ello, estaban los transversales y los que piensan, y pensamos, que no es la mejor solución. Los primeros optan por una política de entendimiento total con los unionistas españoles. Los segundos creen, y creemos, que ha de darse una confrontación pacífica con los contrarios a la emancipación de Euskadi. Cada uno desde su trinchera.

En la sociedad española desaparecían con rapidez los extraparlamentarios, aquellos que no participaban en el juego político pero que se comprometían en la sociedad. Después volveré sobre ellos y cuáles fueron las causas de su desaparición. Ahora me fijaré en un fenómeno, que no ha hecho sino seguir aumentando. Se trata de los pijos y los progres, Al pijo no es fácil definirlo, pero se le lo descubre enseguida. Solo le falta llevar en la solapa un cartelito que diga que es pijo. Su porte lo delata. O lo delata llevar una ropa conjuntada y muy a la moda. Aunque el día sea oscuro, no faltarán las gafas oscuras. Quiere dar un toque a su figura. En el habla utilizará, con un tono que saque las palabras por la nariz, las expresiones más en boga del momento. Y ya, si pasea al perro y se adorna con algún tatuaje, se considerará un ser singular. La conversación, como no podría ser menos, oscilará entre la más exquisita superficialidad y exclamaciones de admiración sobre algún evento musical. Su familia puede ser de las que les cuesta llegar a fin de mes, pero se desenvolverán como aquilatados burgueses. Y el remate es su actitud política. Ignorantes y sin molestarse en coger algún gramo de cultura por Internet, repiten algún tópico, no se enteran de lo que pasa y hasta pueden presumir de estar por encima de las vulgaridades que rechazan. Unos pobres hombres, nietos de unos abuelos que ya no conocen, hijos de unos padres entontecidos y sumidos en lo más imbécil de la sociedad. Que Dios los tenga en su gloria. Y que les ayude a pagar el alquiler.

El progre se da más postín que el pijo. Si la etimología de «pijo» proviene de «hacer pis», la de «progre» lo hace de «progresista». Progresismo quiere decir avanzar. Y es así como se presenta en Inglaterra y lo mismo sucederá en la República española. Los partidos progresistas o los movimientos que se autotitulan progresistas se limitan a decir que no son conservadores. Poco más. Pero el progre se cree con sabiduría por encima de la media. Menosprecia al de abajo y se somete al de arriba. Y, eso sí, se considera un ilustrado izquierdista dando clases de política ante cualesquiera ocasiones, un burgués de medio pelo, un anodino socialdemócrata sin saber lo que esto significa, un inculto que, a lo mejor, va a la ópera. No llama a las cosas por su nombre ni vive como piensa. El sistema se nutre de esta gente. Son el colchón de clase media que, quién lo diría, impide un progreso real. No intentes llevarles la contraria porque te llamarán de todo. Su falso izquierdismo es como una secta. Obedecen al jefe y usan el pobre argumento de que son la muralla contra la derecha, cuando en verdad son su antesala. Solo hay algo que los supera: el pijoprogre.

Los que sí desaparecieron fueros los extraparlamentarios. Descontentos con el corsé de la Transición y su hija, la Constitución, trabajaban políticamente desde la sociedad. Dentro de lo que se entiende por movimientos sociales, su actividad política se centraba en reivindicar todo aquello que había sido orillado en la Transición. En realidad se oponían a una lisiada democracia y pedían una pacífica revuelta para construir una democracia viva. Los movimientos sociales los estudia la sociología de modo especial, y los ve como revulsivos y como alertas ante problemas que, o bien se han olvidado, o bien son nuevos. En la actualidad cumplen ese papel el feminismo, el ecologismo o el antirracismo. Pero antes tuvo cierta fuerza otro que, en algunos, el que se les orille despierta cierta nostalgia y deseos de que renazca. Se trata del pacifismo. Las bases americanas en España, la OTAN y la insumisión fueron objetivos en los que se comprometió el pacifismo y, junto con ello, asociaciones propacifistas. Llama la atención, digámoslo de paso, que el reciente uso de las islas Baleares por parte de la flota americana no ha provocado ni una mueca. Pero también se produjo en Europa un intento de repensar lo que es el pacifismo. En algún sentido, se volvía a Kant y su idea de la paz perpetua. «Paz», en latín, suele traducirse como «ausencia de guerra». Es una *boutade.* Es no decir nada, porque las definiciones negativas son vacías. Sería como definir al hombre como lo que no es un león. Del griego tenemos la palabra *eirene*, que da un sentido de flexibilidad o dulce retirada. Lo mantiene el bello nombre de Irene. Pero se debe avanzar en su significado fuerte y firme, y, sobre todo, armonizar la paz es una virtud que deberíamos incorporar a nuestras vidas, un estado de ánimo que ensancha nuestra capacidad de amistad. Bien lo vio uno de los padres de lo libertario: Kropotkin. Su ideal de ayuda mutua y de una ética humana apunta en esa dirección. Por eso hacen falta gritos por la paz y una constante didáctica que informe, desde la infancia, el espíritu de pacifismo. Cierto que todos los estudios etológicos de la violencia nos ayudan, pero, situados en la cultura, hay que decir que la guerra es la mayor imbecilidad humana. No arregla nada y lo estropea todo. Es el arma por excelencia del poder, la camisa de fuerza que oprime a la gente, la cara desvergonzada del dinero. La guerra es una especie de epidemia que se ha padecido siempre. Desde la lucha con piedras hasta la guerra nuclear que amenaza con la destrucción total. Y, por medio, las pequeñas guerras terribles que se extienden por el mundo. Y con el risible cuento de la defensa nacional o con esa idiotez de la obediencia debida.

Por todo ello, un pacifismo comprometido y sensato denunciará el militarismo y el negocio de las armas. Nos jugamos la vida.

14

Dado que el lenguaje retrata a una sociedad, resulta interesante saber cuál es el lenguaje que funciona en la sociedad española de los últimos años. No tomo en consideración los anglicismos invasores (que, por cierto, tanto gustan al pijo y al progre o, sencillamente, al pedante). Es bien sabido que las falacias recorren nuestro lenguaje, y se insertan día y noche en lo que hablamos, y se dicen con tanta facilidad que debería darnos vergüenza. Se expresan, y es un ejemplo, cuando se dice que, como hasta ahora ha sido así, mañana será igual. O que, como los españoles son muy quijotes, no se enteran de la corrupción en el país. Existen otras más dañinas, que tienen que ver con la ignorancia y ese interno interés que tenemos por salvar a un exigente ego. Un ejemplo paradigmático consiste en confundir causas y razones. Las causas nos vienen dadas y nos determinan. Las razones las damos nosotros y surgen de la libre voluntad. De hecho, van tan juntas que muchas veces no sabemos cuándo se trata de una cosa u otra. Pero es esencial distinguirlas. Tanto en la teoría como en la práctica. No diferenciarlas lleva a errores que destrozan la comunicación y la vida.

Para hacerlo más gráfico pensemos en mi pelo canoso. Que sea blanco se debe a la falta de melanina; pero, si me lo tiño de rojo, se debe a una decisión mía. Supongamos ahora que tengo un lío con una señora. La causa puede tener que ver con la actividad de la testosterona, pero reflexiono y me doy cuenta de que no debo ser infiel a mi mujer. Mi razonamiento me lleva a desistir de esa apasionada tentación. He sido yo quien se ha impuesto a la testosterona, por mucha que sea su fuerza. Y, en el caso de que acabe en la cama con la señora, está en mi mano arrepentirme, no pedir un vago perdón o limitarme a decir que fue un error y me equivoqué. Lo que importa es que, sabiendo que he sido responsable, sufro la culpa y cambio mi conducta.

Es necesario separar, por tanto, la explicación y la justificación. Explicamos los hechos del mundo y justificamos nuestras acciones, pero lo que sucede es que una mala fe y una pésima praxis tratan, a toda costa, de evitar responsabilidad, salvar al pobre ego y no tener que justificar nada. Para ello se recurre a artificios muy necios pero que son útiles. Así, por ejemplo, las causas han anulado la voluntad, y muchos nos cuentan una milonga sobre todo lo que caía sobre sus espaldas. Hay que recordarles que, si era tanta la opresión, no eran libres, y estamos hablando de actos libres; o dirán que desconocemos todavía los mecanismos internos que supercondicionan la acción. La respuesta es que no sabemos lo que podría informarnos la ciencia en el futuro, pero que eso no nos hace dudar hoy de la gravedad. El justiciero de su alma seguirá dando la lata y repitiendo en bucle sus pseudorrazonamientos. En realidad, es incapaz de razonar y un inculto; o, más resumido, un negacionista imbécil con tintes de mala persona. Lo peor es que hay muchas personas de dicha índole en este país, y siempre saldrá corriendo en su ayuda un psicólogo.

Basta ya de esta lección, llamémoslo así, sobre un importante tema que afecta a lo político, a lo social y hasta a las relaciones amorosas. Podríamos continuar analizando otros usos nada recomendables de la comunicación y que Internet puede potenciar aún más. Se objetará a todo lo dicho que se trata de una forma de entendernos. Es verdad; tan verdad como que va a acabar con las exiguas ocasiones que van quedando para hacer uso de lo razonable y no vivir solo a impulsos de las emociones. Solo añado a la maraña de confusiones lingüísticas una que merece un puesto especial: se trata de las necedades, sin más. Decir con tono sabiondo, por ejemplo, que el problema de Mauricia consiste en que quiere que la quieran es una solemne necedad.

Los movimientos sociales que han pasado a primera línea, y aparte del feminismo, son el ecologismo y el antirracismo. Este último suele llevar asociado un intento por defender y afianzar la inmigración. Comenzaré por el antirracismo. Antes de nada quiero relatar lo que ha sucedido en Edimburgo con la figura de David Hume. Hume ha sido un extraordinario filósofo, con una genial agudeza que ha puesto patas arriba un montón de dogmas. Para quien esto escribe, sigue funcionando como uno de los motores de su vida filosófica. Recientemente ha sido puesto en cuestión en la Universidad de Edimburgo por unas cartas que revelan su racismo. Los blancos seríamos superiores a otras razas, y muy especialmente a los negros. Y su práctica estuvo en concordancia con su pensamiento al justificar el esclavismo. En ese sentido, Hume no es una ayuda para romper el maleficio del racismo. Sus partidarios lo defienden argumentando que una sola mancha no desmerece toda la belleza de un bello traje. Yo solo digo que su racialismo me produce desencanto.

Poco más. He dicho racialismo, que es la teorización del racismo. Este es una actitud social que se llena de prejuicios, superficialidad e intereses egoístas. Añadiría la falta de sensibilidad para aprender de lo diverso. Tanto el racialismo como el racismo han sido derrotados por la genética: somos casi clones y los polimorfismos son accidentales. En la mucha literatura al respecto siempre será útil leer el libro de Stephen Jay Gould *La falsa medida del hombre.* Como dice, entre otros, Lévi-Strauss, el racismo, en cualquiera de sus vertientes, es un hecho cultural.

Considero que existe una manera eficaz de desarmar al racismo, recurriendo a lo que podríamos llamar antirracismo profesional y vocacional. Profesionalmente, y como indiqué, se debe desbaratar la interesada idea de racismo. No es posible dar una definición mínimamente aceptable de raza. Es absurdo deducir lo que los humanos somos desde rasgos fenotípicos. Es infantil pensar que porque algo (un grupo, en nuestro caso) sea diferente a otros se convierte en superior. El peso de la prueba de que, dentro del gran grupo humano que se correlaciona sexual y lingüísticamente hay seres sustancialmente superiores, es tan grande que se le viene abajo al racialista y al racista. Al final, igualdad de trato para todos.

Lo que he llamado antirracismo vocacional consiste en una actitud ética dentro del reino de la cultura. En dicha actitud se trata de aplicar la justicia distributiva. Cuando se observan diferencias internas en los humanos no se discrimina, sino que se suple. Ahí resplandece, de una manera especial, la bondad. Y una nota adicional: a mí me gusta más el negro o el blanco que el moreno. Es cuestión de gustos. Pero soy radicalmente antirracista y antixenófobo.

Unido a lo anterior suele caminar el odio al inmigrante, que no es lo mismo, pero lo complementa. Y detrás de todo ello, el desprecio reaccionario al pobre. Emigrar es ir de un lugar a otro. Las aves emigran y los humanos también. No estamos atados a la tierra, sino que tenemos pies, y con los pies podemos recorrer toda la Tierra. Porque la tierra es de todos, como de las aves es el aire. Los humanos somos el resultado de emigrantes e inmigrantes. Las causas por las que las personas emigran son variadas, y van desde huir de la pobreza en busca de una vida mejor hasta hacerlo por simple gusto.

Pero la vida en la Tierra está cuarteada por los Estados que componen el marco político en el que habitamos, Estados que se reconocen colocando rígidas fronteras. En un mundo justo y equilibrado no habría problemas migratorios; pero el mundo es injusto y desequilibrado. Es así como surgen los choques y problemas, y es ahí en donde chirrían la ética y la moral. Una ética universal incorpora los derechos humanos o, mejor dicho, de los humanos. Y, por tanto, acogerá a cuantos inmigrantes se sientan desamparados. En principio, no levantará fronteras. Pero una ética particular, que eso es la moral, tiene sus propios límites y posibilidades, y no puede admitir a todo el mundo a no ser que quiera desaparecer del mapa. Es como si (y es un ejemplo extremo) España dejara las puertas abiertas a todos los chinos.

Esto es un problema real que no se resuelve con proclamas, ni con latiguillos, ni con beatíficas buenas intenciones. Es un dilema para estudiar y resolver. Para cosas menores se gasta y se despilfarra más dinero. Y es obvio que todo iría mejor si se actuara coordinadamente con otros países receptores de inmigrantes, y muy especialmente con los países de origen. Pero el asunto a resolver pasa directamente por la concesión de derechos y protección a todo el que viene en busca de una existencia mejor o huyendo de calamidades con, al mismo tiempo, un control racional de los flujos migratorios. Lo que no resuelve nada es utilizar la inmigración para beneficio político; ni gritar al estilo buenista cuando no se es capaz de poner el corazón y la hacienda para socorrer, realmente, al inmigrante necesitado.

15

Dentro de los nuevos movimientos sociales hay uno, la ecología, que sobresale de modo especial en los últimos tiempos. Y asociado a la ecología se sitúa el cambio climático. La verdad es que temas relacionados con ello no son tan nuevos, pues hace ya años que empezó a discutirse sobre la sostenibilidad o el decrecimiento, y autores casi olvidados nos alertaban de lo que nos estaba sucediendo. Pienso en Sicco Mansholt, Petra Kelly o Ramón Margalef; y tal vez también habría que citar a McLuhan y su aldea global.

Antes de seguir quiero hacer una confesión personal. Tengo que acusarme de la insensibilidad que he tenido por lo que ha dado en llamarse «Antropoceno» o influencia del humano sobre la Tierra. Aunque tarde, tengo toda la predisposición para aprender y cambiar. El Acuerdo de París o el Pacto Verde son pactos que han reaccionado contra la inacción ante el calentamiento global. Sabemos que el cambio climático tiene tanto causas naturales como originadas por la mano del hombre y, desde la Revolución Industrial, esa mano está saqueando la Tierra. Los hidrocarburos (los huesos de la Tierra, que diría Mircea Eliade) se han convertido en indudable fuente de contaminación. Como decía el economista William Petty, la Tierra es nuestra madre; y el trabajo, el padre. Ese trabajo incontrolado puede acabar matando a la madre. No voy a hablar ahora del efecto invernadero, de los biocombustibles, del consumo responsable o de tantas cosas más. Ya lo hacen los expertos y, por otro lado, es de cultura general tener una idea suficiente de esta muerte lenta del planeta. Me detendré en otros aspectos que considero de importancia.

Antes de nada sería necesaria una clara cultura ecológica, de nuestro nicho existencial, de nuestros pies en la Tierra. Dicha cultura no debería dejarse atrapar por intereses políticos cerrados sobre sí mismos. En caso contrario, el ecologismo se desvirtúa haciendo servilismo a uno u otro partido político. Por otro lado, hay que mostrar que el negacionismo es un saco de ignorancia. Lo malo es que se inscribe en una actual plaga de tonta magia. La evidencia se desecha amparándose en la pseudociencia. Conviene repetir que el negacionista no niega, sino que ignora.

Una cuestión difícil, pero esencial, es la construcción de una ética ecológica, que se mueve en tres estadios que la hacen circular. Uno atañe a si podemos tener deberes con la Tierra que, al margen de lo que escribió Platón en el *Timeo*, no parece que posea derechos en sentido estricto. Se puede responder que no siempre tiene que darse correspondencia entre derechos y deberes. Podríamos estar sujetos a deberes y, desde ahí, generar derechos universales. Otro aspecto es que lo que hagamos con la Tierra repercute totalmente en nosotros, razón de más para mimar el planeta. Y el tercero, que nos modelamos a nosotros mismos. Respetar el lugar en el que nos encontramos en el Universo es respetarnos a nosotros mismos.

Una cuestión final es si sería una enorme desgracia que, irresponsablemente, acabáramos con, al menos, la especie humana. Aquí me callo porque, a la vista de todo el mal que hemos sembrado, casi nada me motiva para sentirme orgulloso de la creación.

16

Del divorcio entre el mundo de las humanidades y el de las ciencias empíricas en España se ha dicho mucho, y yo añadiré algo sobre cómo lo veo hoy. Dentro de las ciencias empíricas o naturales unas son más duras que otras; de la misma forma que en las humanidades, propias del mundo de la cultura, unas son más especulativas y otras más fácticas. Se abre, por tanto, un hueco o enlace sobre el que volveré enseguida. España ha sobresalido en letras. El país de Cervantes puede situarse a la cabeza en todo el mundo. Pero en las ciencias, más o menos puras, no aparece ni un español. De aquí no ha salido un Descartes, y no digamos un Newton. Por mucho que lo intentara don Marcelino, no logró sacar uno de la chistera. Se ha intentado explicar este fenómeno en un país tan latino y vecino de otro que puede presumir de un Galileo. Explicaciones las ha habido de todo tipo y no pocas lo han achacado al retraso debido a la influencia de la Iglesia. No parece muy convincente.

Por otro lado, el archiconocido y repetido artículo de Peter Snow sobre las dos culturas sostiene que se trata de una situación universal. Que España no tenga científicos de primera fila no quiere decir que no los tenga buenos de segunda. Lo malo es que emigran a otros países que les ofrecen más oportunidades, y los que quedan se quejan de las condiciones en las que trabajan. Tampoco tiene, en el campo de las humanidades, filósofos que se luzcan más allá de nuestras fronteras. Todo lo contrario: cada vez hay más superficialidad, frivolidad y seguidismo de lo que se hace afuera. Esta es la situación y no parece que vaya a cambiar.

En la cultura popular sigue funcionando aquello de que, a la hora de pagar una comida, haga la cuenta *el de ciencias*; o la idea de muchos padres de que no hacer una carrera de ciencias es como colocarse en la cola del paro. En la otra esquina, no son pocos los científicos que, parodiando a Snow, creen que Shakespeare es un jugador de fútbol. Puede ser un buen investigador en un tema concreto pero no tener ni idea de lo que ocurre a su alrededor. Y, como se ha dicho tantas veces, quien de una sola cosa sabe, ni de esa sabe. Ser un buen especialista en un asunto al que se dedica toda una vida no es, por sí mismo, un mérito. Saber únicamente de dicha cosa es un demérito; y, lo que es más grave, un defecto que se detecta en exceso en demasiados científicos es su poca agilidad a la hora de razonar. Competentes en lo concreto y perdidos en lo abstracto.

Si retomamos ahora lo antes dicho acerca del espacio intermedio que el científico debería recorrer hacia las letras, y viceversa, la tarea institucional y popular debería ir en esa dirección. Es un reto que a todos atañe, y muy especialmente al sistema educativo. En la enseñanza primaria, secundaria y universitaria, los alumnos tendrían que ser diestros en ambas materias. Solo me queda decir que manos a la obra.

17

El año 2009 me jubilé anticipadamente de mi puesto como catedrático de Ética de la Universidad Autónoma de Madrid, dejando atrás muchos años de docencia. Cuando empecé a impartir clase en dicha universidad, de la mano de quien luego sería un buen amigo, Carlos París, tuve la impresión de que entraba en un colegio mayor. Cuando me despedí, tenía también la convicción de que me despedía de un colegio mayor. Y de que era un corte importante en mi vida afectiva, filosófica y política.

No quiero pasar por alto el homenaje de despedida que me ofrecieron. Asistió mucha gente, lo que significaba que había más gente que me estimaba de la que yo pensaba. Presidió el acto el rector, Ángel Gabilondo, y fue el día anterior a que lo nombraran ministro. No en vano, durante dos años, fue alumno mío. Lo suyo ha sido esa especie de *funcionarato* que es la política.

De los alumnos tendría que repetir, una vez más, que, por definición, son desagradecidos. Te utilizan y rápidamente te olvidan. Yo me llevé bien con ellos, cumplí con mis clases, aunque reconozco que hubo años en los que estoy seguro de que realmente les enseñé mientras que en otros fui menos diligente. No he hecho, salvo alguna excepción como es José Luis Velázquez, discípulos directos; indirectos creo que hay bastantes. Si comparo los alumnos antiguos con los del momento de despedida, la diferencia es grande. Los más modernos van a lo suyo, se encierran en sus intereses y el compromiso político les suena a cosa antigua. Y son el espejo del paso del tiempo. El día que ya no te ríen un chiste, te das cuenta de que te estás haciendo viejo.

Respecto a colegas, en general, he de decir que el ambiente no se distinguía por su cultura. De igual manera que los alumnos pasan de clase a clase, como si estuvieran en cajones, los docentes se meten, en modo clerical, en sus despachos. Y ahí se chismorrea o se conspira. Ambas cosas pueden continuarse en la cafetería. Y algo que siempre me pareció rastrero fueron esas reuniones cafeteriles en las que se hablaba de ascensos o descensos académicos y se ligaba. Los ligues con alumnos y alumnas, o entre profesores, huelen a pobreza espiritual y corporal. Por mi parte, confieso que no me ha interesado mucho la universidad. Mi mundo estaba en el mundo; de ahí que, en cuanto acababa mis clases, salía rápido a otros compromisos. Y, sobre todo, a estudiar.

La explosión de la tecnopersona, de la tecnosfera, está llegando a todos los rincones del mundo. Una pena que no suceda lo mismo con la logosfera. Nos hemos hecho criaturas del aire, Internet es el nuevo dios, y el progreso nos lanza al cielo con el rebote de mandarnos en cualquier momento al infierno. Quien esto escribe se siente desplazado y tiene que pedir disculpas de dar una visión teórica, más que discutible, porque el veloz tren de las nuevas tecnologías lo ha pillado demasiado tarde.

La galaxia Gutenberg es un conocido libro de Marshall McLuhan en el que se habla del nacimiento de la escritura con el descubrimiento de la imprenta por obra de Johannes Gutenberg. Nace así el *homo tipograficus*. Quien quede fuera de esa galaxia pasará a ser un analfabeto. Es lo que nos ocurre hoy a muchos metidos en cierta edad: somos analfabetos tecnológicos y dependemos de nuestro nieto, nuestro hijo o nuestra joven novia. Ese es nuestro drama. Ese es el drama de mucha gente mayor. Y no se atisba solución, porque el viejo no produce y el producir es un gran valor. El viejo está de sobra y el darwinismo, dejado a sí mismo, hará el resto.

Los extraordinarios avances digitales en la comunicación digital han acelerado de tal manera la globalización que lo pequeño tiende a desaparecer y la uniformidad es la que manda. No hace falta ir a China para comer comida china, sino que lo puedes hacer en tu propio barrio. No todo lo nuevo es bueno ni todo lo que desaparece es malo. Solo es malo y éticamente reprobable lo que va contra la integridad de las personas. De ahí que permitir la ablación del clítoris en nombre de la multiculturalidad no solo sería una frivolidad, sino también una barbaridad.

Otro fenómeno de la era digital es el oscurecimiento de la verdad. Lo real y lo virtual compiten con las mismas credenciales. Es lo que, de un modo un tanto cursi, se llama «posverdad». Ya lo visualizó hace años Antonioni en su espléndida película *Il deserto rosso,* con la no menos espléndida Monica Vitti. Esa situación posibilita que, de forma responsable o irresponsable, se pueda mentir a discreción. Lo que ocurre es que no es solo Internet la que fomenta la mentira y la desinformación, sino que es la sociedad de la mentira la que genera calumnias, engaños y bobería. Respecto a su regulación y control, es casi un imposible, puesto que Internet no es de nadie. Salvo lo que hagan los diversos países con sus legislaciones, poco más parece que se puede esperar. Nos encontramos siempre con el mismo problema que ya apareció en el Neolítico. Lo que podía ser maravilloso se pervierte rápido y acaba en su contrario. El asunto no es el qué, sino el cómo. Lo que sí está en manos de cada uno es insistir en la pedagogía de su uso y en una educación ética que oriente estos, hasta ahora, inéditos instrumentos.

18

En las dos últimas décadas se ha dado un cambio notable en el reparto de las religiones en España. El país sigue siendo mayoritariamente católico, aunque los practicantes han descendido drásticamente y el hasta ahora monopolio de la Iglesia católica se desgasta por dentro y por fuera. Desde un punto de vista interno, la caída libre en las vocaciones sacerdotales es el talón de Aquiles de la Iglesia y un síntoma claro de la desafección del pueblo español con la todavía poderosa maquinaria eclesial. En estas situaciones de decadencia religiosa y secularización, sin marcha atrás, toman el relevo grupos ultras, con espíritu de secta y al viejo grito de vuelta a los orígenes. No es cuestión de repetir el dicho de un reconocido republicano de que España ha dejado de ser católica, pero sí podemos decir que ya no es lo que era. La praxis y preocupación religiosa de este país es de las más bajas de Europa. Solo lo disimulan las procesiones para turistas.

Desde un punto de vista externo, la globalización, la inmigración y, en menor medida, el turismo han cambiado el mapa religioso en donde el catolicismo mandaba sin rival, y ahí hacen su aparición, de modo especial, los evangelistas y el islamismo, con un avance espectacular. Ante un desembarco general de los evangelistas, muchos pseudoprogres los apoyan. En una boba finta arremeten contra los católicos y se muestran comprensivos con otros que, si cabe (y cabe), son más fanáticos y rechazables.

Un laicismo serio es universal y no se somete al oportunismo político ni a la moda de la ignorancia popular. Yo no escribiría el libro *Elogio del ateísmo* del, en muchos aspectos admirable, Gonzalo Puente Ojea, porque soy agnóstico, pero sí afirmo que ni Zeus ni Dios ni Alá tienen un lugar en el espacio público. Y hay que ser consecuente con ello, sin concesiones buenistas. Los evangelistas son cristianos que siguen a Lutero en su ruptura con Roma. Son muchos, se extienden por todo el mundo y van en aumento. Fundamentalistas que toman al pie de la letra las Escrituras y muy conservadores en las costumbres. No es menosprecio alguno decir que siempre han tenido como colchón el dólar. En muy poco tiempo buena parte de los católicos latinoamericanos han engordado las filas de los evangélicos, que es así como quieren que se les llame.

El anquilosamiento y la sosería de los católicos es el caldo de cultivo de comunidades que desean más calor humano. En España están entrando sin prisa pero sin pausa, y a veces sin pausa y con prisa. La gente no se entera, entre otras razones, por ignorancia. Tienen un desconocimiento casi total de lo que es una religión. O acuden a algún tópico o se salen por la tangente. Pero hay que estar atentos porque es un problema introducir dioses castigadores o mitos alienantes en una ciudadanía que se quiera libre. Cada cual que haga lo que quiera y que sea consecuente; y lo primero, que dimita de la ignorancia y que se entere.

Otro caso es el del islamismo. El islam es una religión rígidamente monoteísta, en donde nada escapa al ojo de Alá. Y con una ley o *sharia* que dirige y obliga a los creyentes. Es cierto que no todos los países son teocráticamente absorbentes. Indonesia o los bosnios, por ejemplo, son mucho más abiertos. Los aproximadamente dos millones de musulmanes que obedecen al Corán proceden de Marruecos o de otros lugares africanos. La mayoría son sunitas, que son también mayoría en esta religión en expansión. Pienso que habría que distinguir tres cosas. La primera es el musulmán o musulmana como inmigrante. En este sentido, se los debe proteger en cuanto que sean personas necesitadas. La segunda es que se deben respetar las creencias de todo el mundo. *De internis, neque Ecclesia*, es decir, sobre las realidades internas, ni siquiera la Iglesia puede juzgar. La tercera es que quien exponga en público sus creencias tiene que aceptar el juicio, también público, de los demás. Si alguien me dice que guía su vida según el tarot, le diré que es una irracionalidad. Lo mismo habría que aplicar al islamismo, como también lo hacemos con el cristianismo: si nos parecen mitos increíbles los ángeles cristianos, otro tanto diremos del ángel que le dictó el Corán a Mahoma. Y si criticamos a los obispos, también lo haremos a los imanes. El resto es incongruencia o no enterarse de nada. Y tachar de islamofobia esta opinión es una supina imbecilidad. Concesiones tontas, las mínimas. Y al burka, ninguna.

Dos palabras para acabar. Como decía el filósofo y amigo Jesús Mosterín, causa risa y pena que los humanos luchen y se maten por lo que no existe, y que no se preocupen y aprovechen lo que existe.

En las dos últimas décadas, y de forma acelerada, al intercambio de Gobiernos entre la derecha clásica y una izquierda de retales lo ha acompañado una convulsión sociopolítica con destrozos considerables en la convivencia. Por medio, en Cataluña se dio un paso a la independencia, con negativa del poder central que ha agravado todo. Y se han formado dos bloques irreconciliables. El odio ha hecho su aparición y se han quemado todos los puentes que posibilitaran una discusión racional. Algunos pensamos que estos lodos son fruto tardío y podrido de los polvos de la Transición. Sea como fuere, el ambiente se ha hecho irrespirable y no hay espacio que permita alzar la cabeza y razonar. Todo es ruido. Y se han formado dos equipos al modo de sectas, con sus respectivos acólitos. Dichos acólitos son el pan nuestro de cada día en un debate convertido en guerra.

En esta guerra de palabras como piedras destaca el periodista travestido en intelectual. Tanto el intelectual orgánico como el inorgánico han pasado a mejor vida. Solo quedan destellos desparramados, pero lo que desea el poder es fieles propagandistas. Ese papel lo van a representar los periodistas, aunque no harán grandes investigaciones, sino que se dedicarán, como hormiguitas, a descubrir las miserias del partido rival y a tapar las vergüenzas de aquel otro al que sirven. Esas dos bancadas ocuparán todo el espacio público por donde corre la palabra. Que haya grados o excepciones no anula lo dicho sobre el panorama general. Lo que ocurre es que prácticamente nadie puede salirse del guion, porque es un problema estructural. Quien ose decir una palabra a favor del enemigo o en contra del amigo será fulminado inmediatamente. Es curioso que, si después se va al fondo de la real base del funcionamiento político, las diferencias se difuminan.

Sobre la monarquía, el control de la banca y tantas otras cuestiones básicas, el mutismo es mutuo. Se parecen a dos vecinos retándose a duelo porque el perro de uno ladra más que el del otro. Es un caso de inversión lógica: uno no dice que el otro no tiene razón. Lo que dice, por oficio, es justo lo contrario que dice el otro. Gran abrazo de la contradicción y, detrás de todo ello, el fracaso de un sistema de partidos que apela al ciudadano para luego no hacerle caso. En todas las democracias formales, súbditas de una u otra manera del capitalismo actual, sucede lo mismo. El para muchas cosas genial Karl Popper no acertaba en este tema. Aunque sea un atrevimiento criticarlo, confundía dos cosas. Popper pensaba, como tantos más, que existe democracia cuando un partido derrota y quita del poder a otro. Creo que el error consiste en que el uno cambie al otro por cuestiones puramente accidentales. Entonces todo permanece igual menos la lucha fratricida por hacerse con el mayor trozo de pastel. Bien distinta es la situación cuando se enfrentan dos modelos sustancialmente diferentes y compiten democráticamente. Pero entonces no se trata de alternancias, sino de alternativas. De todo esto no se habla, y tal vez ni siquiera se piensa. Lo que por mi parte intento, al menos recurriendo a la imaginación creativa, es lo que sigue.

Quede claro que yo no he cambiado, que continúo donde estaba antes; y si, para adaptarme a los tiempos que corren, me obligan a pensar y actuar de acuerdo a intereses puramente personales, que no cuenten conmigo. Entre la comodidad y la dignidad me quedo con esta última. Y si algún listo me avisa de que me barrerá el viento de la historia, o quiere darme clases de realismo, le contestaré que se mire en el espejo. Un poco de vergüenza viene bien, y ser amigo de uno mismo es muy saludable.

Desde ahí se abren dos posibilidades de actuar. Dejo de lado el encerrarse en casa, meditar en profundo silencio o caer en brazos de la fantasía. Los que no somos de esa pasta, por mucho que tiente el nihilismo, preferimos acariciar la utopía y mantener una pasión con sus gotas de escepticismo. Para quienes vivimos en este mundo, y en este país, se abren dos escenarios: uno más profundo y auténtico, y el otro más superficial y dentro de lo que se vive en el sistema tal y como funciona.

Respecto a lo primero, quiero dejar claro que yo estoy *en* el sistema porque no vivo en Marte, pero no *con* el sistema. No voté la Constitución, ni la votaría, y desconfío de la democracia representativa. Es obvio que no voto en ninguna otra circunstancia. De ahí que mi compromiso político esté en la sociedad y no en los chanchullos políticos. Añado que desconfío de cualquier persona que no esté comprometida de alguna manera con la sociedad que le ha tocado vivir. En los aledaños del poder se pueden hacer muchas cosas: en pequeñas organizaciones, en los barrios, con la palabra o con la pluma. Frente a esto se levanta el coro de antiguos izquierdistas reenganchados o la repetición del mantra de que hay que someterse a la realidad. No voy a repetirme. Solo recordaré que parece que la realidad se ha roto entre su realidad y la mía.

Entretanto, el sedicente constitucionalismo ha ido tomando todos los colores. La Constitución del 78, que es la tercera que ha tenido España, está sirviendo para un roto y para un descosido. Se la ha utilizado cual comodín, según convenga y con parcialidad. Recordemos que una constitución es un texto jurídico normativo que determina, ordenadamente, los derechos y deberes de los ciudadanos. Puede ser más corta o más larga y, si es democrática, tendrá que haber pasado el examen de las urnas. Resulta difícil saber en qué se fundamenta. En el mismo Hans Kelsen, referencia esencial en el tema, podemos encontrar una fundamentación más positivista o más apriorística.

La Constitución española citada se votó bajo el ruido de sables, por lo que la adhesión a la misma no parece muy espontánea; y en Euskadi, por ejemplo, la participación fue muy minoritaria. Desde entonces, el carril por el que ha circulado el texto en cuestión ha recorrido las siguientes curvas: su aprobación contó con la izquierda clásica, que decía era un paso necesario pero que pronto se corregirían las concesiones que se hacían. Esto era ingenuidad o mala fe, porque era evidente que se blindaba la monarquía y se hacía prácticamente imposible la autodeterminación. La izquierda consecuente no se sintió concernida por el texto constitucional, y la derecha recalcitrante la aceptó a regañadientes. Enseguida, la izquierda claudicante entró por la senda de ese concepto vacuo que se llama realismo, espigando cosas buenas en la Constitución, mientras la derecha resaltaba lo que le importaba (como era, entre otras cosas, la monarquía). El texto se había convertido en una tarta, y cada uno atrapaba su trozo. Pero lo más curioso y desconcertante es la postura de los nuevos partidos a la izquierda de los socialistas. Estos recientes partidos y movimientos han puesto un pie en el poder. Desaparecido lo extraparlamentario, y con un discurso que se promete anticasta, merodean la Constitución. Al final, todo parece un bodrio intelectual y una vuelta al siempre acechante oportunismo aunque se lo llame, con cariño, tacticismo. Muchos han quedado huérfanos; otros seguimos con los dos pies fuera.

El otro escenario es aquel en donde el espectáculo no puede esquivarse. Dentro del sistema existen cosas mejores o peores, y como tales las juzgo. El canto cavernícola suena tanto que hay que taparse los oídos. El más débil de los que se dicen progresistas molesta por lo inútil o falso que pueda ser, pero me toca más de cerca. Por otro lado, en este escenario interno se legisla de manera que a todos afecta y, en consecuencia, tengo que atender. Esa es mi situación, y la de aquellos que deciden tener un pie fuera y otro dentro en el poderoso Leviatán.

19

Leviatán es un monstruo que aparece en la Biblia y al que se le han dado varias interpretaciones. La más corriente lo representa como una figura que todo lo devora. Thomas Hobbes lo usó para describir el Estado moderno. Lo que en Hobbes es filosofía política nos vale a nosotros para contemplarlo a ras de tierra. El Estado actual se parece a aquel astrónomo que se pasó toda la vida limpiando el telescopio para, al final, no ver nada. Y es que gasta tanto en mantenerse que todo se lo lleva la autorreproducción. Curiosa paradoja que se da cuando el trabajo para lograr algo no lleva al resultado previsto, sino que se agota en su preparación. El dinero que se necesita para dar de comer al Leviatán nacional resulta en cantidades inmensas. Solo lo que se gasta en lo que es su espina dorsal, el Ejército, podría mitigar buena parte del hambre en el mundo. Pero si descendemos a su periferia nos perdemos entre tanto despilfarro: desde el coche o el sueldo del jefe de Estado y otros *mandarines*, pasando por campañas electorales y hasta mil cosas más que sería ocioso enumerar, el dinero llega como maná. Y no hay maná, sino el esforzado trabajo de ciudadanos.

Ya advirtió Max Weber que la burocracia sería la organización política del presente. La burocracia lo impregna todo, es transversal, todo lo domina. Su estructura se asemeja a la de la Torre Eiffel. Es un apoyo circular entre partes, y no te deja entrar. Es esa una las razones de por qué ha fracasado y fracasa el intento de reducir el Estado al nivel de simple recadista de la gente. Es como chocar contra una máquina que se renueva elecciones tras elecciones. La otra razón es la docilidad obediente de la gente. Un bocadillo perfecto. Las probabilidades de vencer a esa enorme fortaleza son mínimas hoy, solo que en este intento algunos somos hijos de la posibilidad. Los sindicalistas de la CNT y de la CGT son de los pocos que sostienen en la actualidad la antorcha para rescatar al pueblo del poder de Leviatán. Por mi parte, yo escribí no hace mucho un libro titulado *Por qué soy libertario* en donde exponía con más detalle lo que ahora escribo. Dudo que me hicieran mucho caso.

España está geográfica e históricamente en Europa y, desde hace poco tiempo, también lo está económica y políticamente. Desde el punto de vista económico, el Banco Central Europeo es, sobre todo, el garante del euro; y Alemania, también sobre todo, la máquina que arrastra todos los vagones. La Unión Europea está compuesta por veintisiete países. Los países en cuestión siguen siendo soberanos, pero dejan en manos del Parlamento y el Consejo europeos parte de su propia soberanía. No sé si es mejor estar dentro o fuera de ese apéndice de los Estados Unidos que es Europa. Pero sí me parece pertinente recordar el tema de la decadencia de Occidente, y en concreto de Europa, y su descarada derechización. El tema de la decadencia suele retrotraerse a Oswald Spengler con su libro *La decadencia de Occidente*. Pero mucho antes ya lo había dicho Nietzsche, al afirmar que la decadencia comienza con Sócrates. En realidad, detrás de este discurso se esconde un mito que en nuestra cultura relativamente cercana entronca con el Génesis judío y con los griegos. Seguimos dándole vueltas al asunto y nos sirve como desahogo intelectual. Desde la cercanía al hablar en tiempo presente, muchos tenemos la sensación de que vamos cuesta abajo por los carriles de la historia y tirando por la ventana valores que considerábamos sólidamente establecidos. No es extraño que palpemos por todas partes angustia o desánimo. Incluso cuando aparecen a nuestra vista avances científicos indiscutibles, nos preguntamos, con desconfianza, para qué valdrán. A sociólogos y antropólogos les corresponde indagar en las causas de esa lenta pero constante desintegración europea. A mí no me corresponde sino señalar que se ha fosilizado el individualismo, se ha colocado en cada puesto institucional al más imbécil y se ha enseñoreado el poder. Y esto nos conduce al aluvión derechista que nos está calando. El nazismo, el fascismo y el franquismo desaparecieron después de la Segunda Guerra Mundial, y ahora han reaparecido junto a un capitalismo rearmado. Es el rostro más feo de Europa. Creo que es el fracaso de una democracia que no encuentra repuesto. Creo que es el fracaso de una ética universal. Creo que es el fracaso de una izquierda que no se repone de su debilidad.

En nuestro país da la impresión de que se cumple, una vez más, la queja machadiana de las dos Españas. Algo de verdad hay en ello, pero las dos Españas están muy deslavazadas. Se da mucho teatro, mucho postureo, mucho interés por llevarse un euro al bolsillo. A falta de modelos claros de convivencia han crecido como hongos los pelotas. Cierto que existe una derecha cavernícola de infausta memoria, pero el error o deficiencia de la izquierda no es que sea una especie de leninismo o cosas semejantes. Decir eso produce risa. El problema, por el contrario, es que no sabe o no quiere ser una real izquierda. En cualquier caso, más como deseo que como pronóstico, esperemos que nazca una rebelión democrática que evite la manipulación y la anestesia de la gente. Al profano, además, lo que le importa es que los jóvenes tengan acceso a la vivienda, que encuentren trabajo, que los servicios públicos funcionen, que la sanidad esté garantizada y que se pueda llegar desahogadamente a fin de mes. De Perogrullo, se dirá. De la vida diaria responderemos. El no tan profano querrá saber por qué tanta dependencia del turismo, por qué tanta falta de control en casi todo, por qué tanto peso recae en los autónomos, por qué hay tanta gente trabajando en condiciones precarias, por qué estamos en manos de la banca y por qué tantas cosas más... Tal vez más Perogrullo, pero esta es la alfombra por la que entran la derecha y el fascismo. Europa, no lo dudo, nos ha ofrecido también algunos bienes. De lo que no nos ha contagiado es de puntualidad.

Este capítulo cierra el ciclo de mi vida. Hago ahora un repaso o un refrito de lo que he dicho. Muchas cosas han quedado fuera porque las he olvidado o porque no me han parecido de interés. Tantos y tantos amigos, como Matxa y Elo, que me traen el mejor recuerdo de San Sebastián; y muchos otros, de antes y de ahora, que llenaron y llenan mi vida. Y mi emocionado recuerdo para los que ya no están, pero que pasan por medio, como una nube: ¡no saben cuánto los quiero!

Mi vida es copiosa en acontecimientos y ridículamente breve en el tiempo. Me arrepiento de todas las tonterías que he hecho y solo perdono a los que saben arrepentirse. Sigo pensando que el imbécil es un inmoral, y este país está lleno de imbéciles. Si alguien pensara lo mismo de mí, que lo diga, yo digo lo que pienso. Estoy de acuerdo con Unamuno en que no hay tonto bueno. No merece compasión quien es tonto pudiendo no serlo. La compasión vale con aquel que ha sido desahuciado por la naturaleza o tratado injustamente por la sociedad. El bobo te roba todo lo que puede y, especialmente, el tiempo. Tiene a su disposición mil oportunidades y no las aprovecha. Está en su mano informarse de todo y no se entera de nada. De ese imbécil hay que huir porque la imbecilidad es contagiosa.

El lamentable estado de incultura en el que se encuentra España hunde sus raíces en la estupidez reinante. La vida política es un reflejo claro de lo que vengo diciendo. Es incomprensible que la gente continúe creyendo a personas que mienten por oficio. Se proclama la mayor sandez y mucha gente la aplaude hasta con las orejas. Es tan obvio que al político de turno lo único que le interesa es ganar las próximas elecciones que marque el calendario que cualquier ejemplo está de sobra. Las voces que, de una u otra manera, acarician la imbecilidad protestan diciendo que no todos los políticos son iguales; o que la política tiene su peaje. Da mucha, muchísima pereza, contestarles, porque obligan a que repitamos lo mismo. En cualquier caso, una aclaración: si afirmo que todos los políticos son iguales, no entro en las intenciones de Juan o de Juana. Lo que afirmo es que lo que hagan está dentro de un sistema férreo que no admite disidencias, de modo que la alternativa que les queda es la dimisión o luchar internamente hasta que los echen. Para estos, mi reconocimiento. Conozco relativamente bien otros países de Europa y no creo que sus problemas políticos sean muy distintos de los nuestros. En algunos, el prefascismo aumenta y los ciudadanos empiezan a preocuparse por el futuro de una democracia en retroceso. Hay algo, sin embargo, que los distingue de los españoles en general: son más educados. Puede ser pura etiqueta, pero las formas importan. Les falta la tortilla y el sol, pero algunos agradecemos que griten menos y que sean más previsores. Si vamos ahora al corazón de la sociedad e ideamos una menos lúgubre y más prometedora, adelanto lo siguiente.

La mejor postura que podemos tener para anular, mejorar o aceptar lo que configura el todo social es saber en dónde estamos. Esto es decisivo. Saber en dónde se está es la base para cualquier acción. La pregunta «¿dónde estoy?» debería ser la oración matinal de quien se sienta un miembro más de la comunidad en la que se encuentre. Es cumplir con la obligación de estar en estado de enterado. Si nos medimos con nosotros mismos, y con lo que hemos vivido, damos, de pie o de cabeza, con la Transición. No es cuestión de mencionarla sin decir nada, claro, sino de ser sinceros. Mucho de lo que nos sucede hoy, difuminado el halo de los orígenes, surge en aquella componenda. Lo que se discute y se pelea en la actualidad sobre el partidismo y la carencia de imparcialidad de los jueces estaba cantado. Viene de una Transición que hace de los partidos políticos los dueños del mercado. Y las dos bancadas de periodistas de hoy, que defienden a sus respectivos patrones cayendo en la falacia de usar cualquier medio en función del objetivo deseado, también provienen de aquellos transitorios años.

Los grandes partidos democráticos se hicieron con un gran medio que los protegiera y fuera su propagandista. Los que decimos y recordamos estas cosas somos acusados, como anteriormente dije, de enmienda a la totalidad. De nuevo tendría que repetirme, y eso cansa. Solo que, para decir que no estoy aterrizando en la nada, tengo que hacer alguna disquisición y volverme hacia mi persona. Aunque es de manual, viene bien recordar las diferencias entre ácrata, libertario y libertariano. Se llama ácrata más a una actitud que a una persona o a una organización. Tiene, por eso, un sesgo accidental o adjetivo. El libertario, por su parte, se organiza, su actividad se articula en un grupo o movimiento. Su sesgo, por tanto, es sustancial, compacto. Pero libertario se presta a confusión. En términos generales, se puede decir que, en Europa, anarquista y libertario tienen el mismo significado. No es así en el mundo anglosajón. Allí el libertario recibe el nombre de libertariano. Y, al revés que el anarquista libertario, es un reaccionario que usa al Estado como un policía que vigila y protege la propiedad privada dentro de una economía capitalista.

Si se me pide que me defina ahora, y sin fijar los límites demasiado, debo confesar que estoy con una mano en la acracia y con otra en lo libertario. Añado que es esa la izquierda que más me convence, lo que me lleva al debatido tema de qué es la izquierda.

Es conocido que el tándem derecha e izquierda tuvo un origen convencional. Después se ha ido asentando hasta convertirse en dos cosmovisiones antagónicas. Delimitarlas es un tanto difícil y han sido varios los intentos por mostrar las diferencias entre una y otra. Siempre vendrá bien leer el didáctico libro de Norberto Bobbio, *Derecha e izquierda.* Escribe Bobbio que se trata de una díada o pareja que se da, al menos, en nuestra cultura. Recuerda, añado yo, a las binás que encontramos en la *Teogonía* de Hesíodo y que comienzan con Gaia y Urano. Que todo ello se base, de alguna manera, en los dos hemisferios del cerebro, en la división anatómica o en tantas cosas más es de interés y puede dar lugar a bellas especulaciones.

Yo no volaré tan alto, y me quedo en la vida política culturalmente cercana. Es habitual decir que el marxismo y el anarquismo son de izquierdas, mientras que liberales y conservadores son de derechas. En medio se situaría una socialdemocracia que mira a una orilla y a otra. Mi descripción de lo que entiendo por izquierda y derecha posee estas características. La derecha es más racional, en el sentido de que coloca la racionalidad como guía rígida. La izquierda se orienta por los sentimientos; frente a la sequedad racional, coloca la vida afectiva. La derecha es más utilitarista, mientras que la izquierda pone como límite de cualquier acción unos infranqueables principios. De ahí que la izquierda defienda una libertad compartida, y una teoría económica que anteponga la igualdad a una libertad descontrolada. La izquierda favorecerá antes que nada la satisfacción de las necesidades de todos. La derecha, por su parte, hace del individuo el centro del universo.

Al final, todo remite a las dos opciones básicas que están a nuestro alcance, y que reflejan la ética de cada uno. Yo opto por una ética solidaria de satisfacción de conciencia y de vida buena para todos. Por eso soy libertario e izquierdista en el sentido expuesto. Esa sería la izquierda real. No es algo que está dado como si de una esencia platónica se tratara. Nace de la voluntad y está dispuesta a cambiar si se dieran mejores argumentos. Hasta ahora no los he encontrado. Este ser de izquierdas mío me conduce a la soledad. Mis amigos de antes están con la derecha dura. Pienso en Savater, o en mi querido Albiac. Y la intelectualidad actual es de una debilidad pasmosa. En cualquier caso, es un placer estar con uno mismo. La edad no me ha hecho más moderado. Al revés, me ha hecho más radical.

Y ahí estoy.